casasolaeditores.com

Sobre el autor

Rick Mc Callister se doctoró en Literatura Hispanoamericana de la Universidad de Texas en Austin. Actualmente es Profesor de Español en Delaware State University. Escribe sobre literatura y poesía hispanoamericana y centroamericana en español, tanto como en náwat y maya. Llegó a El Salvador en enero de 2007 como Becario Fulbright para estudiar la poesía centroamericana de mujeres. Ahí sirvió como Profesor de Idiomas Visitante III *ad Honorem* en la Universidad de El Salvador. En marzo de 2007 fue el primer extranjero de recibir la Distinción de Honor al Mérito de la Universidad Nacional Autónoma de Nicaragua, la que fue otorgada por su investigación sobre la literatura nicaragüense de mujeres. En 2011, recibió la Beca para Facultad del prestigioso *National Endowment for the Humanities* del gobierno de EEUU. El 2003 recibió el Diploma de Honor del ministerio salvadoreño de educación. Tiene numerosas publicaciones y ponencias en Alemania, Australia, Canadá, Chile, Colombia, Costa Rica, Cuba, El Salvador, Estados Unidos, Guatemala, Honduras, Inglaterra, Irlanda, Islas Vírgenes, Italia, Nicaragua, Panamá, Puerto Rico y Suecia.

También de Casasola Editores

―――――――――――――――――――

Honduras, crónicas de un pueblo golpeado
Oscar Estrada (2013)

Anuncio de Necesidades y Razones
Isaac Suazo Erazo (2013)

Dibujo sobre el silencio
Christian Duarte (2013)

El Vampiro
Colección Clásicos Centroamericanos
Froylán Turcios (2013)

El Evangelio del amor
Colección Clásicos Centroamericanos
Enrique Gómez Carrillo (2013)

El cuento de la guerra
Eduardo Bähr (2013)

A vista de Pájaro
Colección Clásicos Centroamericanos
Francisco Lainfiesta (2012)

Partiendo a la locura
Martín Cálix (2012)

*Alrededor de la medianoche
y otros relatos de vértigo en la historia*
Roberto Carlos Pérez (2012)

Invisibles, una novela de migración y brujería
Oscar Estrada (2012)

Las hijas de Xmukane:

poetas centroamericanas
para el Siglo XXI

PRIMERA EDICIÓN, 2013©
Las hijas de Xmukane: poetas centroamericanas para el Siglo XXI
Rick Mc Callister ©
Diseño de portada de Mario Ramos/ Casasola Editores
Diagramación de Oscar Estrada/ Casasola Editores

Mc Callister, Rick.
    Las Hijas de Xmukane: poetas centroamericanas para el siglo XXI/ de Rick Mc Callister: -1ra Ed.
    1. Lety Elvir; 2. Carolina Escobar Sarti; 3. Abigaíl Guerrero;
    4. Isolda Hurtado; 5. Madeline Mendieta; 6. Vidaluz Meneses;
    7. Conny Palacios; 8. Helena Ramos; 9. Francesca Randazzo;
    10. Silvia Elena Regalado; 11. Milagros Terán
    I. Poesía de mujeres. II. Centro América.
ISBN: 978-0-9887812-3-8: $22.00
ISBN-10: 0988781239

Distribuido en USA por
Casasola Editores ©
215 East Hill Rd.
Brimfield MA, 01010.
(413)245 3289

TODOS LOS DERECHOS RESERVADOS. PROHIBIDA LA REPRODUCCIÓN TOTAL O PARCIAL DE ESTA OBRA SIN LA AUTORIZACIÓN EXPRESA DEL TITULAR DE LOS DERECHOS.

casasolaeditores.com
info@casasolaeditores.com

ÍNDICE

Las hijas de Xmukane
en la Centroamérica posrevolucionaria
[17]

Perita en lunas: Luna que no cesa
de Lety Elvir
[23]

No somos poetas:
Creación e hiper-poética en el verso
de Carolina Escobar Sarti
[37]

Conjuramundos: Los túneles mágicos
de Abigaíl Guerrero
[52]

Poesía en vivo: El verso quinético
de Isolda Hurtado
[66]

Confesiones impuras: Inocente lengua
de Madeline Mendieta
[77]

La sobrevivencia en la pos-historia:
Todo es igual y distinto
de Vidaluz Meneses
[81]

Escribir para vivir: La poesia existencialista
de Conny Palacios
[103]

INDICE

La recuperación de la historia en el verso
de Helena Ramos
[115]

Bitácora parergonal: Los barcos en el aire
de Francesca Randazzo
[134]

Después del diluvio: La re-creación feminina
del mundo en Desnuda de mí de Silvia Elena Regalado
[140]

Amor y praxis en Plaza de los comunes
de Milagros Terán
[158]

Epílogo:
Hacia una poética centroamericana
para el Siglo XXI
[168]

Las hijas de Xmukane:

poetas centroamericanas para el Siglo XXI

Rick Mc Callister

www.casasolaeditores.com

"On ne naît pas femme: on le devient."
(No se nace mujer: se llega a serlo)

Simone de Beauvoir. Le Deuxième Sexe.

A Sor Juana de Maldonado y a las escritoras centroamericanas que la siguieron.

Las hijas de Xmukane
en la Centroamérica posrevolucionaria

Después de cuatro décadas de guerra en Centroamérica, todos los bandos quedaron agotados y sin victoria. Hubo miles de muertos y millones de desplazados y exiliado; se firmaron los tratados de paz, pero los graves problemas que afligían al istmo nunca se resolvieron. La paz , sin embargo, dejó un espacio cultural y político que nunca antes había existido fuera de la clandestinidad, se estableció un espacio para idear y expresar los sueños que permanecieron congelados en el oscuro recinto de la clandestinidad.

Cuando hablo de Centroamérica, hablo de la CA-4: El Salvador, Guatemala, Honduras y Nicaragua -los cuatro países que se están integrando para revivir la vieja visión de Morazán-. Todos, con la excepción de Honduras, sufrieron cruentas guerras civiles durante una década o más. Cada uno de estos países sufrió trastornos sociales debido a la monopolización del poder político y de los recursos económicos a favor de una pequeña élite. Durante este período, toda exhortación destinada a transformar el *status quo* fue violentamente sofocada. La única oportunidad posible para los agentes de cambio fue a través de la militancia y la guerrilla. Aunque las élites, con la ayuda del gobierno estadounidense, lograron prorrogar los cambios necesarios, hasta el punto de revertirlos en Nicaragua. Finalmente los tratados de paz y el establecimiento de un anueva semblanza -simulacro de democracia-, crearon nuevas esperanzas, pero también impusieron nuevas maneras de buscar la innovación.

En la *Ilíada* y la *Odisea*, Homero nos cuenta sobre la guerra de Troya y el *nostos* (regreso) de los guerreros, pero nos dice muy poco de lo que encontraron los sobrevivientes cuando retornaron a la patria, sólo que Agamemnon y Odiseo tuvieron problemas para reclamar a sus esposas. La guerra es gloriosa en la épica, especialmente en la boca de los hombres. Pero la epopeya no dice absolutamente nada de la orfandad, de la viudez y del desamparo, o sobre los gastos de la reconstrucción. Sólo Clitemnestra y Efigenia entre las griegas, tanto como Casandra y las demás mujeres troyanas, nos pueden contar la verdad. El problema es que nadie las escucha. Si los hombres encuentran la gloria en la destrucción del mundo, después del apocalisis, les toca a las mujeres recrearlo y encontrar la palabra que les llegue a los oídos.

La situación se complica por la crisis histórica posmoderna y la desaparición de una alternativa creíble a las democracias liberales occidentales [Mattelart 408]. Al alterar la *phusis* del mundo, y ajustar la lógica y el *continuum* espacio-temporal inherentes de la naturaleza para sus propios fines, el capitalismo ha dejado el tiempo fuera de sus goznes [Brennan 278]. La velocidad de la historia ha llegado a su límite –el que corresponde a la velocidad de la luz-. Esto ha producido un cibersabotaje de la realidad que destaca la información sobre los datos. Francis Fukuyama *et alii* han confundido esta crisis histórica con el fin hegeliano de la historia [Virilio 1998 158]. Les cuesta ver su propia ideología, ya que está tan arraigada en la cultura y la cosmovisión; este es el triunfalismo de Fukuyama [Robinson & Groves 2000: 129].

No nos falta la comunicación –hay un superfluo-; sino la creación. *Nos hace falta la resistencia al presente.* La creación de los conceptos necesita una forma futura, para un pueblo y una tierra que todavía no existen. La europeización no constituye el desarrollo del mundo sino la historia del capitalismo -lo que detiene el desarrollo de los pueblos subalternos [Deleuze & Guattari 1994: 108]. El uso acrítico de términos promovidos o revisados al amparo del librecambio produce una desreglamentación de los universos conceptuales que nos sirven para denominar el mundo. Gran parte de la confusión en torno a la interpretación de la actual etapa de interdependencia de las economías y de las culturas, surge de la a-topía social de las palabras. Con eso –es un paso de la sociedad de disciplina, a la sociedad de control [Mattelart 406].

Ashis Nandy señala que se puede resistir por mantenerse fuera del juego. Al apartarse del juego, se crea un nuevo conjunto de visiones y futuros disidentes. El futuro, en sí, es un estado de consciencia. Por ende, transformar el futuro cambia la consciencia humana de este futuro. Al definir lo que es *inmutable* y *universal*, el Oeste silencia las visiones de otras culturas para asegurar la continuidad de sus propias trayectorias lineales del pasado y del presente hacia el futuro. Al olvidarse del futuro, otras culturas se hacen prisioneras del pasado, presente y futuro del Occidente. Para escapar de esta estructura, tienen que definir su propio futuro en términos de sus propias categorías y conceptos. Hay que articular sus visiones en una lengua fiel a su propio ser [Sardar & van Loon 88-9].

Hasta ahora, las hijas de Xmukane han permanecido calladas, sofocadas por el patriarcado, asesinadas por la represión y sobre todo invisibles cuando dieron su aporte. Entre el bosque de estatuas dedicadas a los próceres, sólo vemos a los "Padres de la Nación", pero la historia oculta las voces de las Madres y de aquellas que llevaron a cabo verdaderas hazañas, para realizar el sueño colectivo. Sus voces yacen en el sendero del anonimato.

Con los esfuerzos de la transformación social, se ha abierto un espacio crítico para la mujer centroamericana. Con este espacio vamos descubriendo un amplio espectro de visiones, de recreaciones de la cultura centroamericana, protagonizado por mujeres centroamericanas de orígenes muy diferentes en cuanto a clase social, educación, etnicidad, formación poética, experiencias personales y perspectiva políticas. Apreciamos aproximaciones muy distintas en la obra de cada poeta. Algunas resisten la posmodernidad por formular futuros alternativos; otras, acuden a la recolección kierkegaardiana para crear contra-memorias; unas, buscan un escape en el esteticismo mientras otras abrazan la nueva tecnocultura para amaestrarla y utilizarla en su obra. He escogido poetas no-canónicas, de visiones distintas para ofrecer un mosaico del futuro de la poesía de mujeres centroamericanas.

Lety Elvir es profesora de literatura en la Universidad Nacional Autónoma de Honduras. Hija de una familia rural de ascendencia afro-mestiza, fue la primera en su familia en asistir a la universidad.

Actualmente es *doctoranda* en Literatura y Cultura Centroamericana en la Universidad Nacional de Costa Rica. Fue militante durante los años 80 y 90 contra la dictadura y la siguiente "demodura." Durante este período, fue secuestrada por la policía secreta y sufrió la desaparición de muchos de sus colegas. Nombrada *Scholar-in-Residence*, el nivel más alto de la prestigiosa beca Fulbright para becarios no-estadounidenses, es reconocida como una de las mayores autoridades de la literatura de mujeres en Centroamérica.

Carolina Escobar Sarti es columnista guatemalteca y profesora de periodismo. Estudió la maestría en Literatura Latinoamericana en Brasil. Actualmente, es *doctoranda* en sociología en la Universidad de Salamanca. Ganadora de varios premios literarios importantes. Su poesía demuestra gran innovación técnica.

Abigaíl Guerrero fue profesora de literatura hispanoamericana y asesora de metodología de enseñanza en El Salvador. Hizo su licenciatura en Literatura Hispanoamericana en la Univerdad Centroamericana José Simeón Cañas. Hija de tenderos de ascendencia afro-mestiza, creció en Cuscatancingo, un barrio proletario de San Salvador, donde fue testiga de batallas cruentes y atrocidades perpetradas por los escuadrones de la muerte. Su poesía es una recolección de las raíces populares de la cultura salvadoreña, tanto como de su fe católica.

Isolda Hurtado, socióloga, intérprete y ex-diplomática en el Uruguay, fue educada en los Estados Unidos en la Universidad de Nueva Orleans. Pertenece a una familia muy destacada en las artes. Es presidenta de la Asociación Nicaragüense de Escritoras (ANIDE), una de las organizaciones culturales más importantes de Centroamérica. Su poesía demuestra una gran sensibilidad artística y técnica en cuanto al uso del sonido y de las imágenes.

Madeline Mendieta es promotora cultural para el Banco Central de Nicaragua, donde tiene un programa radial de cultura. Su verso es innovador; y, a veces chocante por su franqueza, imágenes oníricas y ritmos cacofónicos. Es una poesía que no tiene miedo de tomar riesgos. Es una joven poeta que promete mucho al hacer nuevos surcos contra el grano.

Vidaluz Meneses es una las figuras de mayor importancia en las letras centroamericanas, tanto por ser organizadora cultural tanto por lo que escribe. Hija del somocista General Meneses, llegó a ser una de las voces culturales más importantes durante la primera época sandinista. Su poesía es importante por formar una nueva imagen de la mujer centroamericana.

Conny Palacios se doctoró en Literatura Hispanoamericana en la Universidad de Miami. Salió de Nicaragua, poco después del triunfo sandinista. Actualmente es catedrática de idioma español en los Estados Unidos, donde investiga la poesía nicaragüense y escribe comentarios religiosos. Su poesía expresa una honda preocupación existencialista y su profundo compromiso por el catolicismo tradicional. Sus versos poseen una hermosura, intensidad y preciosidad poco usual en esta época.

Helena Ramos nació en Rusia. Recibió el nombre de Yelena Rounova en Yaroslavl, luego llegó a Centroamérica a los 27 años, pero es tan nicaragüense como elvigorón y el vaho. Su poesía es altamente intelectual y aborda asuntos como el papel de la historia, el reto del consumismo y la situación de la mujer. Aunque es muy modesta, posee un intelecto muy agudo y, de hecho, es una de las investigadoras e intelectuales más importantes de Centroamérica.

Francesca Randazzo Eisemann es hondureña de padres europeos. Educada en Francia, Honduras y Guatemala, es socióloga y escritora. Su poesía demuestra gran innovación en cuanto al uso de técnica, perspectiva, paralaje y teoría literaria.

Silvia Elena Regalado es trabajadora cultural y publicista en San Salvador. Hija de una de las catorce familias que tradicionalmente gobernaba El Salvador, era militante del Frente Farabundo Martí de Liberación Nacional y, por ende, tuvo que vivir en exilio durante la guerra. Su verso es lírico, íntimo, abierto y accesible. Explora los poderes del amor como *pharmakon,* para curar los males de Centroamérica.

Milagros Terán, nativa de Nicaragua, ha vivido en Brasil, Mozambique, Zimbabwe y Estados Unidos. Hizo su maestría en Literatura Latinoamericana en la Universidad de Maryland, EEUU. Ha trabajado como diplomática, traductora, trabajadora social y oficial en varias ONGs. Su poesía es muy cosmopolita y refleja una independencia personal, poética y política.

Juntas, estas mujeres ofrecen nuevas voces, nuevos sueños y nuevas direcciones para Centroamérica. Se puede decir que forman la primera generación de escritoras centroamericanas, ya que la literatura del istmo fluye a través de fronteras cada vez más abiertas. Todas ellas han fusionado una visión colectiva, son una nueva esperanza para Centroamérica.

Rick Mc Callister

Obras consultadas

---

* Brennan, Teresa. Why the Time is Out of Joint: Marx's Political Economy without the Subject. *South Atlantic Quarterly* 97:2 (Spring 1998): 263-80.

* Deleuze, Gilles. *Difference and Repetition*. London: Continuum, 2001. --- & Félix Guattari. *What is Philosophy?* New York: Columbia UP, 1994.

* Mattelart, Armand. *Historia de la utopía planetaria*. Barcelona: Paidós, 2000.

* Robinson, Dave & Judy Groves. *Introducing Political Philosophy*. Duxford UK: Icon, 2003.

* Sardar, Ziauddin & Boris van Loon. *Introducing Cultural Studies*. Duxfor UK: Icon, 1999.

* Virilio, Paul. *The Virilio Reader*. Ed. James Der Derian. Oxford: Blackwell, 1998.

Perita en lunas: *Luna que no cesa* de Lety Elvir

Luna que no cesa, obviamente, es un título *portmanteau* compuesto de los nombres de dos libros de Miguel Hernández: *Perito en lunas* y *Rayo que no cesa*. Es un libro informado por las mismas circunstancias y las mismas preocupaciones que demostraba Hernández en su verso: el compañerismo, el horror a la violencia irracional de una sociedad que quiere callar las verdades, el respeto y la solidaridad hacia los marginados, y la precisión en cuanto a la voz poética. A todo esto, Elvir agrega un feminismo igualitario –la mujer como ser igual en todas las decisiones y todas las acciones; ya que una sociedad que menosprecia a la mujer pierde la mitad de su potencia.

Las cuatro secciones del libro, las que corresponden a las fases de la luna, forman un *diatessaron* –en este caso, más bien, un *"dis-angelio"* que plantea las realidades de Honduras. "Buscando Palabra Nueva", constituye la primera sección, corresponde a la luna nueva. Define la poética de Elvir y sus razones para escribir. La segunda sección, "Luna Propia y Creciente", sale de la metapoética para presentarnos el compañerismo y el buen consejo a través de lo maravilloso y lo absurdo de la vida cotidiana. "Paradoja Plena", la tercera sección, es más aguda y punzante. La última sección, "Proscritas en Cuarto Menguante", honra a los caídos en la defensa de los derechos humanos.

"Buscando un poema" es una *ars poetica* que enseña la paciente impaciencia necesaria para ser poeta. A pesar de sus esfuerzos de escribir un poema, las palabras gotean una a una.

> Caminas
> poeta
> triste

Por ende, la poeta siempre anda armada de un bolígrafo,

llave en mano
abriendo el reflejo del mar
en calles solitarias.

La poeta, como el fotógrafo, el detective o el periodista, debe su éxito tanto a la suerte, la ubicuidad y la paciencia como a la destreza y la sabiduría. Siempre es una cuestión de estar lista en el lugar indicado a la hora apropiada. Es preciso tener el valor de arriesgarse por cruzar al espacio crítico entre el orden y el caos.

Y en ti
prohibido,
revienta a cada paso
--como palomitas de maíz—
una estrella
caída de tu gracia
sobre un papel cualquiera.

Arquitectónicamente, el poema se asemeja a una bomba con una mecha larga. Empieza a quemar despacio, amenaza apargarse. Al final se estalla, un bello polvorín. La estructura refuerza su gracia paradójica de *zen*. Lo que vemos aquí es emblemático del *Punk Eek* (el equilibrio puntuado), la que postula la evolución como una alternación entre largos períodos de equilibrio y eventos abruptos. Semejante al colapso a la función de una onda cuántica que occurre en el momento de intenso escrutinio y que define la identidad y el futuro del objeto observado [Dozier 11], el acto de señalar las contradicciones sociales puede efectuar un colapso de las realidades existentes. Siempre hay una tensión debajo del equilibrio que crece hasta producir un *estado crítico* –una especie de organización autocatalíptica que se desarrolla a través del caos [Buchanan 2001: 16, 23]. Por tanto, "La rutina es el prefacio de la revolución" [Emile de Girardin cit. Klein 87]. Así que las posibilidades colapsan en realidades

"Existen versos" sirve para desmentir la idea de *ars gratia artis*. Vivimos en la historia y cada texto tiene su contexto.

Existen versos
que trascienden
las esquinas del papel:

Lo completamente ordenado es paradigmático y, llevado al extremo, paranoico. Nos precisa escapar del cuadro establecido y andar por la vía nómada -por una alternativa existente al paradigma capitalista que no es ni modelo ni prototipo [Buchanan 2000: 6]. Más allá del texto establecido están los marginados, los excluidos con su potencia completamente ignota -renovadora o destructiva.

atizar el alma
para que no anide olvido
ni indiferencia.

Es la extensión más radical de esta crítica. Engendra un pensamiento que no debe nada a los modelos establecidos, ni que tampoco tiene nada que ver con ellos [Buchanan 2000: 75]. Sólo sobrevive como un diagrama. Ofrece la posibilidad del cambio –en continua variación, como la polifonía [Buchanan 2000: 119]. Este cambio, como señala Helen Umaña, viene de la capacidad de Elvir "de visualizar las trampas del entorno" [Umaña 15].

Desgajar el tiempo
a torrentes
a pedradas
de ese reloj colonial
en pared de colonia nueva
y poner nuestra hora.

El desafío, según Ashis Nandy, es transformar el futuro al cambiar la consciencia humana. Al defininir lo *inmutable y universal*, el Oeste silencia las visiones de otras culturas para asegurar la continuidad de sus propias trayectorias lineales del pasado y del presente hacia el futuro. Al olvidarse del futuro, otras culturas se hacen prisioneras del pasado, presente y futuro del Occidente.

Para escapar de esta estructura, tienen que definir su propio futuro en términos de sus propias categorías y conceptos. Hay que articular sus visiones en una lengua fiel a su propio ser. Las culturas no-dominantes tienen que dar representación colectiva al sufrimiento, por todos lados y por todos tiempos, para evitarlo en el futuro. Tienen que estar conscientes de las fuerzas extranjeras de la crueldad y la tristeza, tanto como los *vectores interiores* que les ha quitado el ser verdadero. Es imprescindible que se transformen en culturas de resistencia [Sardar & van Loon 88-9].

"Un poema es" revela el proceso agónico de compartir los pensamientos con el mundo. De esta manera, el poema es una especie de *interface* entre la poeta y el mundo. Por revelarse, la poeta sufre el castigo de Prometeo, por el mismo crimen de habler iluminado a la humanidad.

> Un poema es
> desnudarse,
> picotear el alma,

Por esta cualidad *parergonal*, va más allá del texto escrito al intercambiar los contextos y los sucesos exteriores y las intenciones y los pensamientos interiores. Pueden ser los asuntos más graves, sean de importancia mundial o meramente personal.

> nuestro tiempo
> lucha
>   amor
>   patria.
> ....
> Conversación inconclusa
> con el compañero que se fue,
> con la amiga que no regresará.

O pueden ser pensamientos u observaciones pasajeros:

> Murmullo de mar,
> pajaritos locos,

que los desentendidos
no podrán sentir.

De todos modos, nosotros los lectores somos *voyeurs*, mirando furtivamente a un mundo que no es nuestro, ni que completamente entendemos. Es una visión esquizofrénica en el sentido crítico. La esquizofrenia es una energía autónoma que oscila entre una ruptura hacia un nuevo modo de existencia y la descomposición de un modo ya gastado [Buchanan 2000: 164]. Deleuze y Guattari la ven como un fluir no-codificado del deseo –el deseo en su estado natural es pernicioso a la sociedad civil y, por ende, hay que codificarlo para dirigirlo [Buchanan 2000: 161].

"Caperucita" es una fábula deliciosa de la codificación del deseo. Todos sabemos la historia de Caperucita pero, *pace* Vladímir Propp, ni el mundo de las fábulas es inmutable, --no se puede sostener ningún código para siempre [Buchanan 2000: 161]. Aquí hay una esquizofrenia crítica que representa "una ruptura en la cadena de significantes, i.e., la serie sintagmática interconectada de significantes que constituye un vocablo o un sentido". En consecuencia, "de repente el presente rodea el sujeto con una sensación vivaz e inefable; una materialidad de la percepción que zozobra" [Fredric Jameson cit. Buchanan 2000: 159].

La abuela
ya me había alertado
sobre lobos y otros riesgos.

Entraba al bosque
con muchas flores y prudencia,
siempre salía ilesa.

Pero un día,
cuando más dudaba de su existencia,
encontré uno
de ojos suaves y cansados
--sin un pelo de lobo—
se echó en mi regazo . . .

Cuando desperté,
había devorado
hasta mis esquemas.

Estamos listos para los lobos cuadrúpedos, pero nada nos prepara los lobos de dos pies. La esquizofrenia crítica es un *pharmakon* que puede matar o puede curar. El sujeto está tan cautivado por el espectáculo posmodernista que se siente encandilado. El encandilamiento es una especie de enajenación que paraliza nuestra habilidad de actuar, pero al chocarnos, nos obliga ver el espacio disponible para el código ideológico. Crea una distancia crítica [Buchanan 2000: 159-60].

"Luna que no cesa" es el poema titular del libro. Esto le da un significado *parergonal* que lo liga con los *parerga* –el cuadro "Lunática" de la portada y los dibujos oníricos asociados que acompañan cada capítulo, todos por la pintora Xenia Mejía. Esta asociación con la locura revela una esquizofrenia deleuziana –el arte lucha con el caos para engendrar una sensación, o una visión que lo ilumina por un momento. El arte es una composición del caos que rinde la visión o la sensación para constituir un *caosmos* (caos + cosmos –palabra de James Joyce), un caos compuesto –ni visto ni pensado antemano [Deleuze & Guattari 1994: 204]. El arte saca un pedazo de caos en un marco para formar un caos compuesto que se vuelve sensorial o del que saca una sensación *"caoide"* como variedad; la ciencia hace algo semejante para formar un caos referenciado que se hace la naturaleza, de la que extrae una función aleatoria y variables *"caoides"*. La existencia de *strange attractors* (atractores caóticos) y atractores del equilibrio expresan la lucha entre la ciencia y el caos [Deleuze & Guattari 1994: 206].

La luna es la luz fría que vigila la noche, un espejo de la soledad y del sufrimiento.

Madre solitaria,
te nombro
búfala de Venus,
espejo de mar.

Sus cachos simbolizan la llegada de la plenitud, la cornucopia, durante la luna creciente –de ahí "búfala de Venus". Durante la fase menguante simbolizan una hoz. Representa el aspecto oscuro de la naturaleza: las fuerzas invisibles, lo espiritual, lo irracional, la intuición y la sujetividad [Cooper 106-08].

Estás completa,
vacía,
siempre adolescente
sobre los hombros de ocaso
--un día ya no serás
samaritana apedreada--.

Como el reloj nocturno celestial, mide el ciclo de la fertilidad femenina, el destino, el sufrimiento y el tiempo de vida que nos queda. Sus fases recuerdan el nacimiento, la muerte y la resurrección del ciclo de la creación. La luna nueva representa la bajada temporal del dios muerto al infierno, del cual se levanta triunfante; la luna creciente --la luz, el crecimiento, la regeneración; la luna llena –la totalidad, lo cumplido, la fortaleza y el poder espiritual; la luna menguante –el mal y lo demoniaco [Cooper 106-08].

Multiluna única,
incesante como la muerte,
la mujer, la vida.

Igualita que mi América Latina.

Debido a su naturaleza cíclica, es emblemática del tiempo épico arraigado en el pasado. Este tiempo pertenece a una sociedad de tendencias irracionales que ve el futuro en el pasado --en términos espaciales como un edén u otra tierra prometida. El desafío es salir del oscurantismo y aprovecharse de la luz de la luna como strange attractor.

"Paradoja del olvido" demuestra la naturaleza paralizante de la paradoja como esquizofrenia crítica. Seudo-Dionisio el neo-platonista postuló que por el uso del inefable, de lo oximorónico y de las contradicciones, la teología negativa nos permite hablar de lo inalcanzable, a través de la metáfora y el oxímoro [Eco 32]. Esto produce una *a-temporalidad* --una realidad *más allá del tiempo* como se lo conoce, lo mide y lo experimenta. No es lo mismo que la eternidad. Las *funciones al punto zero* indican estructuras mínimas del tiempo-espacio, el *estado-vacío*, que puede producir partículas y campos, aparentemente discretos y separables, pero en la realidad son estructuras estables que se pueden abstractar de sus contextos para propósitos experimentales. La idea tradicional del tiempo es una estructura estable arraigada sólo dentro de los contextos limitados de la temporalidad clásica absoluta y la temporalidad relativista convertible. Cada estructura contextual "tiene un tiempo puramente lógico, ideal o dialéctico. Este tiempo virtual, sin embargo, determina un tiempo de diferencialización o, más bien, ritmos y singularidades de la estructura y, por su parte, miden el pasaje de lo virtual a lo real" [Murphy 219-20]. Por ende, vemos un colapso entre opuestos como el olvido y la eternidad.

Olvido,
eternidad
inmortal deseo.

No existís.

El deseo es fundacional; es una cancelación más vigorosa de las filosofías anteriores. Colapsa el recordar y el consumir en un solo proceso de producción. Estipula que los humanos y la naturaleza pertenezcan a una realidad esencial, el producto-productor; se define como un proceso que no es ni una perpetualización infinita ni un fin en sí. Todo es una producción de producciones, de procesos de recordar, y de consumir [Buchanan 2000: 16].

Tu máscara vuela,
se destruye
cada vez que el recuerdo delira

Es decir, el deseo colapsa la diferencia. Hay una necesidad de idear la diferencia entre dos series incomensurables como el fluir no-codificado sin recurso a las estrategias de la homogenación como el expresionismo. Hay que preservar la diferencia radical, en vez de vencerla, en la determinación de una forma de comunicación que logra una conexión de series heterogéneas que no compromete su heterogeneidad [Buchanan 2000: 5]. "El deseo *no quiere* la revolución sino que es revolucionario en sí, aunque involuntariamente, por querer lo que quiere" [Buchanan 2000: 24]. Donde hay deseo, la relación del poder ya está presente [Foucault 81].

> No cedés
> ante la mueca de la muerte
> ni a la huida de la rutina.

Hay un miedo del límite esquizofrénico, de la pared en blanco, que le hace sentir más seguro "ceder a la ley del significante marcado por la castración, triangulado" que arriesgar la disolución en el fluir esquizofrénico [Buchanan 2000: 28]. Para poder actuar, el sujeto tiene que trascender el orden establecido (que le quita la agencia) para ser activo –a formarse. Es imprescindible esforzarse a pensar, evitar la inundación por los pensamientos caóticos [Buchanan 2000: 86]. De esta manera, la esquizofrenia resulta ser una etapa utópica (de antítesis) en la dialéctica hacia lo nuevo.

> No sé qué vas a hacer
> con los perseguidores de tu mano,
> esos necesitados
> esos obsesionados.

La esquizofrenia como proceso universal es anterior al momento terminal de la transformación. Como parte del desarrollo creativo concuerda con el concepto de Fredric Jameson del discurso utópico como un éxito a través del fracaso [Buchanan 2000: 161].

"Esperar" establece la importancia de la paciente impaciencia en toda clase de *poiesis*. Sigue el patrón del equilibrio puntuado, visto en poemas anteriores. Utiliza la repetición para iniciar el proceso del desarrollo creativo (*becoming*). Algo nuevo sólo puede emerger a través de la repetición –la que repite no sólo cómo el pasado fue *efectivamente*, sino su virtualidad inherente tracionada por su realización anterior. La llegada de lo nuevo no cambia retroactivamente el pasado, sino el quilibrio entre la realidad y la virtualidad en el pasado [Zizek 2004: 12]. El uso de varios tiempos del esperar enfatiza que vivimos en la historia lineal: *esperar, esperaba, espero, esperaré* –empezando con la atemporalidad (el infinitivo), y progresando por el pasado (el imperfecto), el presente y el futuro.

> Esperar,
> Conjugación calendario,
> Invierno, pistilo.
>
> Yo esperaba no sufrir,
> esperaba que te quedaras.
> Esperaba que no lo dijera.
>
> Espero poder esperar
> el próximo encuentro,
> que se rompa el espejo,
> que no te toque la muerte.

Vemos también el uso del paralelismo –típico del verso religioso de sociedades arraigadas en el tiempo cíclico. En este poema está asociada con el imperfecto y el presente –tiempos verbales opuestos al cambio. Disuelve el paralelismo con la llegada del futuro, el que estalla el equilibrio.

> Esperaré
> perderme, encontrarnos
> en la sábana del silencio
> con la sensación de tu boca
> y mi piel desbordada.

Los momentos de la llegada de lo *nuevo* son precisamente los de la *eternidad* en el tiempo. Ocurre cuando una obra vence su contexto.

El proceso trasciende sus condiciones históricas al dar luz a un seceso –aquí el acto del amor [Zizek 2004: 11].

"Exilio" es una disolución de las ligas entre la narradora y la patria. Separada de la patria, tiene que encontrar otra manera para comunicar:

> Aprenderé a escribir
> para enviarle cartas
> a mi país.

En el destierro, el miedo de fracasar produce la nostalgia –una preferencia para las cosas del pasado que resulta ser un atentado terrorista hacia el futuro, ya que no permite nacer lo nuevo. [Buchanan 2000: 186]. La reconciliación utópica es un *Versöhnung*, un momento de plenitud, que se destaca contra las otras etapas históricas. Pero sólo puede resultar en la nostalgia metafísica o el utopianismo [Jameson 1971: 78].

> Le diré que:
>
> La nostalgia es lluvia,
> los recuerdos
>   tormenta
> su tristeza
>   llanto;
> su calor
>   frío.

En su poética, Elvir acude a la antinomia para mostrar sus efectos traidores y perniciosos. Disuelve la nostalgia, a favor del *aura*. El *aura* benjaminiana le otorga al objeto con el poder de mirar hacia atrás. Ya que los fragmentos quebrados de la alegoría representan una cosa –un mundo de fuerzas destructivas que inunda la autonomía humana, los objetos del aura se destacan como el paisaje de una especie de utopía en el presente, una plenitud efímera de la existencia. Este componente del pensamiento de Walter Benjamin, no obstante, sólo existe en un pasado cultural más simple [Jameson

1971: 77]. Para Jameson, el fracaso de la utopía regresa más intensivamente a lo real. Es imanente porque es un fracaso que no progresa más allá del reino del pensamiento [Buchanan 2000: 166].

"Fatalidad" es una elegía dedicada a Miguel A. Pavón, un campeón de los derechos civiles asesinado por los escuadrones de la muerte. Es un homenaje no sólo al actor fallecido, sino también a la resurrección de la utopía fracasada. La utopía, como indica su nombre *ou-topos* "ningún lugar", no es un espacio; es un instante efímero cuando todo es posible. Es la realización perceptual del *Aleph-0* de Georg Cantor, el matemático que inspiró la historia de Jorge Luis Borges. No es un fin, sino un proceso de acercar al máximo posible. Cada repetición del fracaso utópico es un paso adelante. No nos sorprende que muchos abandonen los sueños de libertad ante la represión.

> Muchos de mis amores
> llevaban una cruz de ceniza
> en el corazón.

Se han arrepentido y han sacrificado sus derechos como si fueran vicios o gustos de carnaval para dejar en la estación de cuaresma.

> --¿Dónde estará
> el que marcó la furia
> y calculó silencios
> al ruiseñor?--

Hay dos batallas –la física del campo de batalla contra el asesino y la espiritual que se realiza en el corazón. Al silenciar al ruiseñor de la libertad, les quita a sus seguidores la voz y, por consecuencia, su visión y su valor.

> Algunos de mis amores
> Todavía cargan esa cruz,
> Pero dicen
> --los que no ven
> llover sobre mojado—

que estamos
   en tregua.

El pueblo que no se avanza, se estanca en el presente bajo un régimen paranoico. Para salir del presente adelante, hay que recuperar el entendimiento de la historia y revivir el sueño.

Los poemas de Elvir son notables por su uso frecuente de una prosodia dialéctica que refleja su mensaje. Su uso de la paradoja y su dominio de la palabra exacta tienen semejanzas con el espíritu *zen* del *haiku*. Como indica Umaña, es una poesía engañadora con "el aparentemente fácil secreto de la poesía" que sólo viene a través de un "largo y tortuoso proyecto de trabajo para lograr el atrape de la palabra esquiva" [Umaña 15].

De acuerdo al consejo de Nandy, es un esfuerzo de escapar las estructuras del dominio, por definir su propio futuro, en términos de sus propios conceptos y categorías; esfuerzo de articular su visión en una lengua fiel a sí misma, al riesgo de no ser comprehensible "al otro lado de la cerca global de la respectibilidad académica" [Ashis Nandy cit. Sardar & van Loon 88]. Es significativo que el título alude a poemarios de Hernández que fueron escritos *antes* de la Guerra Civil. Todavía hay tiempo para quebrar el ciclo de la represión y la violencia.

Obras consultadas

*Buchanan, Ian. Deleuzism: *A Metacommentary*. Durham: Duke, 2000.

*Buchanan, Mark. *Ubiquity*. New York: Crown, 2001. Cooper, J. C. *An Illustrated Encyclopaedia of Traditional Symbols*. London: Thames & Hudson, 1987.

* Deleuze, Gilles & Félix Guattari. *What is Philosophy?* New York: Columbia UP, 1994.

* Dozier, Rush W. *Codes of Evolution*. New York: Crown, 1992.

* Eco, Umberto. *Kant and the Platypus*. New York: Harcourt, 2000.

* Elvir, Lety. *Luna que no cesa,* 2a ed. Tegucigalpa: López, 1999.

* Foucault, Michel. *The History of Sexuality,* vol I. New York: Vintage, 1990.

* Hernández, Miguel. *Poesía*. La Habana: Arte y Literatura, 1994.

* Jameson, Fredric. *Marxism and Form*. Princeton: U Princeton P. 1971.

* Marinello, Juan. <<Orbita española de Miguel Hernández>> Hernández 9-15.

* Murphy, Timothy S. <<Quantum Ontology: A Virtual Mechanics of Becoming>>. Eleanor Kaufman & Kevin Jon Heller, eds. *Deleuze & Guattari: New Mappings in Politics, Philosophy, and Culture*. Minneapolis: U Minnesota P, 1998: 211-29.

* Sardar, Ziauddin & Boris van Loon. *Introducing Cultural Studies*. Duxford UK: Icon, 1999.

* Umaña, Helen. <<La voz de Lety Elvir>>. Elvir 13-16.

*Zizek, Slavoj. *Organs Without Bodies*. London: Routledge, 2004.

No somos poetas: Creación e hiper-poética en el verso de Carolina Escobar Sarti

"No somos poetas" es una corona de textos en verso del libro del mismo nombre. Como indica el título, la obra se trata de una crisis extentencialista en cuanto a la *poiesis*. Es un redescubrimiento del proceso creativo. Poeta, del griego *poietes, poietai*, quiere decir "hacedor, *fabbro*, constructor, creador". La narradora entiende que el arte de componer versos en sí no consiste en crear nada, sino en juntar trozos seleccionados de una realidad pre-existente. Su producto, entonces, no es el poema, i.e. "creación", sino un texto, un tejido de palabras, signos arbitrarios referentes a conceptos que son productos de la naturaleza. No es un proceso aditivo sino de sustracción, consiste en quitar lo no pertinente de la imagen seleccionada. De todas las posibles palabras de la lengua, sólo un puñado llegan al blanco, las demás están destinadas al olvido.

Claro que la alternativa sería el caos; pero el caos es el estado anterior a la creación, es donde los elementos se unen paradójicamente al azar, sin lógica y sin razón hasta ensamblarse en una unidad [Vallorani]. La que compone versos tiene una tarea muy diferente, ya que sigue, por lo general, una lógica pre-establecida utilizando piezas prefabricadas. La imagen producida es una percepción particular del mundo. El mundo, según Henri Bergson, está compuesto de una agregación de imágenes. Todo ser humano, como cuerpo afectivo, trata de hacer sentido de este bombardeo de sensaciones a través de la deducción. Toda percepción, por ende, es producto de la diminución o sustracción del universo de las imágenes [Hansen]. De este modo, formamos nuestra cosmovisión por un proceso de des-creación, una *anti-poiesis*, por establecer barreras contra los afectos que no nos interesan.

Para Gilles Deleuze, gracias a la afectividad, el cuerpo es un centro de indeterminación que interrumpe el circuito sensorimotor, y la imagen-movimiento resultante, para establecer marcos diseñados para alentar, para anticipar el advenimiento de ciertas acciones. La afectividad es la habilidad del cuerpo de experimentarse como "más de sí mismo" a su propia intensidad, a su propia margen de indeterminación [Hansen]. La afectividad está mediatizada entre el cuerpo y su ambiente virtual, entre las realidades preindividualizadas e individualizadas [Gilbert Simondon cit. Hansen]. La afectividad se puede entender en términos de la (in)capacidad como una expresión transductiva o transformadora que se mueve en ambas direcciones –afectar y afectarse siempre van juntos, el uno inhiere o subsiste en el otro. En términos transductivos, el cuerpo es radicalmente pasivo en la medida que es pasivo a todo, incluso a sí mismo. Esta transformación, conceptual y prácticamente se produce en los intersticios, en la superficie [Thiele], en un tiempo de pura transformación que elude el presente del cuerpo, de movimiento infinito entre el pasado y el futuro [Deleuze 1990: 2-11]. La superficie es el lugar privilegiado de la paradoja *(parà ten doxan* "más allá de la opinión prevalente"), donde se encuentra la verdad en las oraciones menos esperadas [Eco 64], donde se pasa entre los cuerpos y lo incorporeal [Deleuze 1990: 2-11]. Ahí, el concepto de la transformación (el crecimiento de la entropia) trasciende el de ser (los objetos físicos); la evolución prevalece sobre la existencia [Klein 196].

La obra de arte se distingue de la percepción cotidiana del mundo natural en que el arte es capaz de restaurar lo eliminado en cualquier forma por el corte y el montaje [Hansen]. Visto de este modo, nuestra apreciación de la obra de arte viene del paralaje –la oscilación entre perspectivas [ver a Karatani], aquí entre nuestra visión cotidiana y la nueva visión ofrecida por el arte. Mark Hansen nota que en el mundo digitalizado, el artista va más allá del mero acto de filtrar imágenes preconstituidas. Crea al utilizar su singularidad de afectación y memoria para poner dentro de su marco algo originalmente sin forma y transformarlo en la forma de la imagen, hacer la información perceptible al cuerpo. Este acto valoriza la inteligencia sobre el intelecto y la nueva tecnología como medio de expander la margen de la indeterminación del cuerpo [Hansen].

Al experimentar con las técnicas deleuzianas del pensamiento intensivo y el pensamiento topológico, Escobar logra una transformación original de la materia. El pensamiento intensivo tiene que ver con intensidades que no se pueden subdividir como cualidades termodinámicas, emociones, velocidades, etc.; cuyas diferencias son intrínsecas a los procesos de *autopoiesis* como el embriogénesis. El pensamiento topológico combina la geografía con el tiempo para transformar desde lo virtual a lo realizado [De Landa 2002: 6]. Así que un punto topológico puede guiar el morfogénesis de una variedad de formas geométricas [De Landa 1998]. De esta manera, Escobar crea una poética nomadológica con múltiples posibilidades a través de los espacios disyuntivos de lo real –concepto de Gilles Deleuze y Félix Guattari que invierte la monadología predestinada de Leibniz [Spalding]. Escobar va más allá del tiempo-espacio lineal para darnos una obra literaria que fluye paradigmática y sintagmáticamente a la vez. A través de la obra, que también sirve de índice para el libro --cada verso es el título de un poema; hay líneas claves, empezando con la primera, que sirven de *hyperlinks* (ligas intertextuales) que llevan a otros (hiper)textos. El lector tiene la opción de seguir leyendo el texto actual o seguir la liga a otro texto que lleva el contenido del verso como su título. Gracias a esta tecnología supera las técnicas innovadoras de Julio Cortázar en *Rayuela* y de Octavio Paz en *Blanco*. Igual a estos textos hay varias maneras de leer el texto: linealmente como un conjunto de poemas, como un poema dividido en secciones –pero Escobar proclama "No somos poetas . . . Y esto no es un poema"; así que lo podemos considerar como nuevo género, un hiper-poema arraigado en la tecnología de la red informática. ¿Y si no somos poetas?

> No somos poetas
> somos adivinadores
> de oscuras cavernas
> transeúntes por azar
> locos por vocación.

Contrario a Einstein, Dios sí juega a los dados y hasta la resolución de la onda cuántica, somos pura probabilidad, y los que escriben por vocación arriesgan todo, cada vez que juegan con la pluma. Más que poeta, Escobar es sibila. Y si "esto no es un poema", entonces, ¿qué será?:

Y esto no es un poema
sino credo levantado,
el caos, el misterio,
el asombro y el verbo.
La santísima palabra
en el universo
de la salamandra.
El fuego robado.

Todo lo que reclamamos como nuestra creación fue, como el fuego, robado de los cielos. Nosotros, gracias a nuestro don afectivo lo transformamos dentro de un marco de percepción –la creación se hace credo o manifiesto. O podemos seguir la liga hipertextual "Y esto no es un poema":

Es sólo lodo luminoso
que no quiere ser piedra
masa húmeda y brillante
que se levanta sobre
planicies y desiertos.

No es poema
apenas barro
que emerge de
manos rituales
para incendiar
atardeceres circulares
y tiempos solitarios.
Intención
de inundar la vida
a chorros,
palabra necia
de manos soleadas
en noche de octubre.

Por eso continuamos buscando,
por eso intentamos
delinear los bordes profundos
por eso la poesía, dice el poeta
no sirve para nada
pero es indispensable.

Es materia en búsqueda de forma, una forma nueva que saldrá de la hiper-poética, un mundo fuera de nuestros marcos habituales de la percepción y, por tanto, onírico. Treinta años después de la muerte del autor –matado por Roland Barthes y enterrado por Michel Foucault, los pensamientos de una autora no contarán por mucho, pero este es un manifiesto de libre albedrío. De cierta manera funciona como el inverso del creacionismo huidobriano, donde el lenguaje de *Altazor* cae a pedazos y termina en nada. Aquí el lenguaje se queda enriquecido por el lector en vez de ser empobrecido por el poeta –"el pequeño dios". Siguiendo la segunda liga hipertextual de la sección "sino credo levantado", la autora manifiesta su fe en el lector "creo en vos":

Levanto la vista
hacia el edificio más alto
y cae sobre mí.
Creo en vos.
Todo se mueve
en la calle angosta
y desaparece.
Creo en vos.
Lo extraño es conocido
y lo conocido es extraño.
Creo en vos.
No se desciende al infierno
abajo está el cielo.
Creo en vos.
Soy apenas testigo
tú sos creación.
Creo en vos.
Entro al torbellino
soy criatura
canto el misterio.
Creo en vos.

Este, paradójicamente, es un texto escriptible guiado por la autora; quien quiere que exploremos el texto de acuerdo a nuestra voluntad. Su credo es el visto bueno para salir del marco cotidiano y entrar en el hiper-mundo. Nos confía que como "el niño de las estrellas" de 2001 o *Alicia en el país de las maravillas*, ella en su nuevo mundo también es "criatura". Esto vemos en la sección ligada a "somos apenas amantes":

> . . . .
> Somos atrio sin bordes.
> Amantes condenados
> por los siglos de los siglos
> a renegar del miedo,
> la muerte y
> la soledad.
> . . . .
> Somos apenas amantes.
> Distancias agotadas
> en el mínimo territorio
> de la redención
> . . . .
> Somos exilios justos
> de planas cartografías
> que encuentran agua
> en sus montañas.
> No poetas
> apenas amantes.

Esto contrasta con la estrofa que empieza con el mismo nombre donde los amantes/poetas están caracterizados como:

> suicidas con la cuerda
> en la mano
> caminantes de antes
> usurpadores de abecedarios.

Aquí en un acto de esquizofrenia crítica deleuziana donde los límites se equivalen a la muerte o la tiranía, todas las fronteras se han borrado, todo espacio es nómade –ya no hay distancias, sino *clicks*. Ya no hay geografía sino topografía con una infinidad de posibilidades. Como al filósofo se le encarga con hacer pensable lo impensable [Marks 27], al autor se le encarga con decir lo que es imposible de decir. Al expander la lengua, se expande el universo: "Die Grenzen meiner Sprache bedeuten die Grenzen meiner Welt" ("Los límites de mi lengua son los límites de mi mundo") [Wittgenstein 1974: 114-15]; por tanto, no se puede estar *fuera* de la lengua, ya que la lengua nos define el mundo [Sedgwick 228].

La sección ligada a los "usurpadores de abecedarios" denuncia la recolección, una actividad, según Søren Kierkegaard, normalmente asociada con un pasado idealizado o ideologizado que rechaza el presente [Mackey 191]. Aquí los poetas, como recolectores, son vistos como huaqueros que roban del pasado:

Ladrones de epitafios
escaladores de la Torre de Babel
todo ha sido dicho
y nos creemos poetas.
. . . .
Soberbios dueños
de segundas verdades
recolectores de
antiguas cosechas
descifradores de veladuras
sentados a la
derecha del Padre.

Traperos de alfabetos
robamos
escalamos
usurpamos
prestamos
poseemos
recolectamos
desciframos
y nos decimos
poetas.

La recolección introduce el pasado en el presente [Deleuze 1991: 25]. Como no tiene ninguna existencia sicológica –es virtual, inactivo, inconsciente [Deleuze 1991: 55]. Para los antiguos, todo conocimiento era recolección --todo lo que es, ha sido [Mackey 193]. Ya que la recolección está circunscrita por el pasado, es paranoica dado que no hay escape de las batallas ya vividas. Se opone a la repetición, una re-presentación de lo ideal que redime el presente para el futuro [Mackey 192]. Para Kierkegaard, la repetición es excepcional, infinita y singular [Said 120] –en otras palabras, esquizofrénica. La esquizofrenia crítica implica la liberación de las viejas prosodias de los versos y la búsqueda de lo nuevo –pero esto siempre ha sido parte del proceso creativo.

Vemos el valor de la repetición en la estrofa que comieza con "Somos talladores de nubes". Cada golpe del cincel es más o menos igual, pero el efecto de las repeticiones produce algo nuevo:

> Somos talladores de nubes
> lluvia sostenida
> cuerpo que recuerda
> hambre insatisfecha
> confesión última
> dueños de medio corazón
> límite de penumbra
> sangre que camina el mundo
> puerto de anclaje y despedida
> sólo somos tiempo
> una carta interminable
> que continúa escribiéndose
> sin fecha de entrega.

La transformación es correlativa al concepto de la repetición. Algo nuevo sólo puede emerger a través de la repetitición –la que no repite el pasado como "efectivamente fue" sino la virtualidad inherente en el pasado que fue traicionada por su realización anterior. Es decir, la llegada de lo nuevo no cambia retroactivamente el pasado sino el balance entre la realidad y la virtualidad en el pasado [Žižek 2004: 12]. La estrofa empezó con la recolección: "lluvia sostenida / cuerpo que recuerda / hambre insatisfecha". Aquí la transformación de la recolección a la repetición se manifiesta en el uso del tiempo presente y en el énfasis en los actos en progreso: "una carta interminable / que continúa escribiéndose / sin fecha de entrega".

Vemos la recolección en su punto más agudo en la sección que comienza con "Lluvia sostenida":

> Que te recuerdo, es un tema del universo,
> ....
> Me lluevo en tu ausencia.
>
> Soy agua derramada
> sobre sed insatisfecha
> en la memoria de nuestro cuerpo.
> ....
> Lluvia sostenida soy sin ti.

Aquí vemos el pasado que viene a la superficie, huellas del cuerpo sobre el tiempo, llevando pedacitos de experiencia. En vez de reflejar el mundo, o ser una memoria personal, este regreso es *una memoria del mundo*: la forma pura del cuerpo como ritmo recurrente –el *objet petit a* (Massumi). Es un objeto de fantasía que cautiva al sujeto y que siempre regresa como un espectro al mundo fenomenológico. Pero, como el objeto/causa *a priori* y no-patológico del deseo, la fuente inalcanzable de la *jouissance,* siempre evita todo esfuerzo de poseerlo [Sharpe, Žižek s.f.]. Puede servir de síntoma o de *fetiche* para el cuerpo humano –*fetiche* para hacer aguantable lo inaguantable. Es lo que nos hace falta para ser completos [ver a Žižek].

La sección que comienza con "Confesión última" es una colección de epígrafes autobiográficos en nombres de seres célebres desde Freud hasta Dios. El humor confesional tradicionalmente se asocia con la novela picaresca –e.g. *Lazarillo de Tormes* y *El buscón*; pero aquí se deriva de la yuxtaposición de voces. Esta yuxtaposición refuerza la naturaleza sintética de la obra –ya que los versos sacan su ironía por dialogar:

Yo Confieso
que maté al padre. Freud
que le copié todo a Freud. Lacan
haber quemado vuestra memoria. Obispo de Landa
que todos los fuegos son fatuos. Juana de Arco
que no tuve nada que ver con la guerra. Elena de Troya
que amo a Elena. Paris
no sentir ninguna culpa. Simone de Beauvoir
que soy la peor de todas. Sor Juana Inés de la Cruz
haber descubierto que el hombre viene del mono. Darwin
haber descubierto que Dios no existe. Nietzsche
que hice al hombre a mi imagen y semejanza. Dios

Cada verso responde a uno o más versos anteriores. Lacan es culpable de la repetición freudiana –la inhabilidad de superar los errores. El Obisbo de Landa, tocayo y antepasado espiritual del deleuziano Manuel de Landa, borró a Freud y Lacan; los recolectores de la memoria –aquí somos testigos al triunfo de la repetición, *ewige Wiederkunft*, el eterno retorno. Al final, vuelve a la Biblia judía para mostrarnos un Dios con sentido de humor.

La última estrofa, que comienza con "Fundamos la memoria", es un regreso al *aion*, la etapa previa a la creación. Es la recolección llevada al extremo –una vuelta a la separación de mar y montaña y el primer amanecer.

Fundamos la memoria
de la luz y el perfil de la montaña
probamos primero la sal
en el océano de nuestros ojos
y nos supimos robustos árboles
no ramas quebradizas.
Aullamos a la luna
reclamando al sol su eclipse
e hicimos el amor
en los siete mares.
Sea la luz
y fue la luz.

Todo somos
menos poetas.

Con la llegada de la luz, se empezó el proceso de la repetición. Vemos el principio de la *poiesis* en todo sentido. La sección "Hicimos el amor en los siete mares" capta la ironía de acercarse a lo profundo en la superficie de las cosas, donde los cuerpos afectivos se juntan para (pro)crear:

Los amantes escriben poemas
en el agua
para que nadie
nunca los lea.
．．．．　．．．．　．．．．　．．．．
Y los amantes cuentan
que la piel del mar se quema
que las lenguas buscan
y recuerdan
que las manos saben
que los pies se enredan
que la creación completa
se detiene por segundos
para dejarlos amarse
en paz.

Por eso escriben en agua
para que sea poema.

Estamos en el último momento del *ápeiron*, donde todo es todavía virtual y nada está. Todo es incorporeal –sólo ecos del pasado y espejismos del futuro. Todo es posible, todo es posibilidad.

La sección que empieza con "y fue la luz" es una celebración de creación, la acción que redime a la humanidad:

criatura en el centro del universo
palabra en ciudad desconocida
sueño postergado

perfil de niña dormida en útero materno
estación llena
signo deambulante
puta redimida
amante esencial
agonía
rescoldo sentimental
silencio
creyente inmolada
balanza
peso
insoportable levedad
leve cuerpo
palabra primera
vida rota
camino hacia la muerte
resurrección

Poema.

Aquí en este momento, salimos del *ápeiron* para entrar en el presente. La oscilación cuántica se ha cuajado en realidad. Estamos en el mundo corpóreo de las causas donde los cuerpos afectivos interactúan para crear efectos donde se juntan su piel [Deleuze 1990: 4-10]. Gracias a la creación, lo virtual se hace real, la puta es redimida, el amante se hace esencial. Puede ser el resultado de la primera creación o la recreación espiritual de Jesús o cualquier rendentor. El ciclo de la transformación se ha empezado –estamos en un mundo de estar, no de ser. Experimentamos la gama de emociones: de la agonía hasta la éxtasis de la resurrección; y a través de la síntesis, sentimos lo que es la vida. Sólo ahora este texto puede llamarse "poema".

El poder de este poema viene de su naturaleza creativa, su habilidad de crear tanto por restar (i.e. jugar con la puerta de la percepción) y por sumar (agregar múltiples puertas de la percepción), en su dialéctica entre la recolección y la repetición. Su genio está en alentar al lector a encontrar su propio sendero hacia el diálogo entre textos. Posee un carácter zen en guiar por no guiar, en aumentar por restar, en encontrar profundidades en las superficies. Sólo gracias al diálogo de cuerpos afectivos al nivel de la piel podemos crear. Esta examinación del proceso de la poiesis es una victoria sobre las dudas existencialistas, es una conquista de la síntesis sobre el análisis, es un triunfo de lo ontológico sobre lo óntico. Es un manifiesto en forma de *ars poetica*. Es un *Bildungsroman* del alma creativa. Hay pocos poetas capaces de una introspección tan profunda. Con más libros de esta categoría, escobar estará junta a nombres como Eugenio Montale, Octavio Paz y Czesław Miłosz.

Obras consultadas

---

* Alliez, Éric. "*Anti-Oedipus* – Thirty Years On: Between Art and Politics." *KeinTheater* Summer 2004. (On-line).

* Beddoes, Diane J. "Enquiry into the relationship between Kant and Deleuze with specific reference to women." *Transmat*. (On-line).

* Boundas, Constantin V. ed. *The Deleuze Reader*. New York: Columbia UP, 1993.

* De Landa, Manuel. *Deleuze and the Open-Ended Becoming of the World* (1998). (On-line).
------ *Deleuze and the Use of the Genetic Algorithm in Architecture* (2001). (On-line).
------ *Deleuzian Ontology* (2002). (On-line).

* Deleuze, Gilles. *The Logic of Sense*. New York: Columbia, 1990.
------ *Bergsonism*. New York: Zone, 1991.

* Eco, Umberto. *On Literature*. Orlando: Harcourt, 2004.

* Escobar Sarti, Carolina. *No somos poetas*. Guatemala: F & G, 2006. (En-línea).

* Halliday, M. A. K. "Language and the Order of Nature." Nigel Fabb et al., eds. *The Linguistics of Writing*. Manchester: Manchester UP, 1987: 135-54.

* Hansen, Mark B. N. *New Philosophy for New Media*. (On-line).

* Hoy, David Couzens. "History, Historicity and Historiography." Michael Murray, ed. *Heidegger and Modern Philosophy*. New Haven: Yale UP, 1978: 329-53.

* Klein, Etienne. *Conversation with the Sphinx*. London: Souvenir, 1996.

* Mackey, Louis. "Once More with Feeling." Harold Bloom, ed. *Søren Kierkegaard*. New York: Chelsea House, 1989: 191-218

* Marks, *Jon. Gilles Deleuze: Vitalism and Multiplicity.*

London: Pluto, 1998.

* Massumi, Brian. "Deleuze and Guattari's Philosophy of Expression." *Альманах "Восток"* Выпуск: N 2(38), март 2006г.

* Murphie, Andrew. "Vibrations in the Air: Performance and Interactive Technics". *Performance Paradigm: A Journal of Performance & Contemporary Culture.* (On-line).

* Said, Edward. *The World, the Text and the Critic.* Cambridge: U Harvard P, 1983.

* Sedgwick, Peter. "Ludwig Wittgenstein." Andrew Edgar & Peter Sedgwick, eds. *Cultural Theory: The Key Thinkers.* London: Routledge, 2002: 227-30.

* Sharpe, Matthew. "The Sociopolitical Limits of Fantasy: September 11 and Slavoj Žižek's Theory of Ideology." *Cultural Logic* 2002 (On-line).

* Shields, R. "Space / Affect: Speaking Notes. Fear, Space and the Subject of Violence." *Interdisciplinary Graduate Conference.* May 5-7 2006. (On-line).

* "Sinthome." *Larval Subjects* 20 July 2006 (On-line).

* Spalding, Steve. *Travels in Theoretical Spaces: Deleuze.* (On-line).

* Thiele, Kathrin. *Ethics of (In)Capacity: Becoming.* (On-line).

* Vallorani, Nicoletta. "The Body of the City: Angela Carter's *The Passion of the New Eve*." Science #64 Volume 21, Part 3 (November 1994). (On-line).

* Wittgenstein, Ludwig. *Tractatus Logico-Philosophicus.* London: Routledge, 1974.

* Žižek, Slavoj. *Organs without Bodies.* London: Routledge, 2004.
------ "Kant and Sade, the Ideal Couple." *Lacanian Ink* 13. (s.f. On-line).

Conjuramundos: Los túneles mágicos de Abigaíl Guerrero

Como indica el título, *Del túnel y el retorno*, por la poeta salvadoreña Abigaíl Guerrero, refleja el tema de la muerte y la resurrección. Como se sabe, es uno de los arquetipos jungianos más conocidos –mismo que alegórica y espiritualmente podemos encontrar en la historia de Jonás y la ballena, en el rito del bautismo, en la pasión de Cristo, etc. Este arquetipo funciona dentro de la cosmovisión del tiempo cíclico que sólo existe en las sociedades pre-modernas, básicas y autosuficientes. En esta poética se encuentra todo conocimiento como una recolección kierkegaardiana. Platón -en el *Fedón* y en el *Menón*– postuló que todo conocimiento ya existe *a priori;* y, es sólo cuestión de recogerla desde adentro. A pesar de su naturaleza pre-moderna, la recolección, o *anamnesis*, puede funcionar en parte como un arma cultural defensiva contra los asaltos culturales desde el extranjero –constituye un escudo contra la globalización cultural y económica. Sin embargo, se trata de una poética que funciona al opuesto de la poesía de Roque Dalton -quien empleaba la *repetición* kierkegaardiana a manera ofensiva, como una espada, para atacar la oquedad de los símbolos e instituciones opresoras --e.g. "OEA".

Ya que, según Søren Kierkegaard, la recolección mira hacia el pasado y la repetición hacia el futuro [Mackey 191; Angerer]; la misión de Guerrero es preservar la memoria del pasado y rescatar la cultura de su tierra natal contra el poder desterritorializante del globalismo consumista –el que pretende arrasar la memoria, la recolección y el tiempo para lograr un *aufgehoben* neo-liberal de acuerdo con el «*diktat* triunfalista » de los que tocan la fanfarria de la historia, como dice Francis Fukuyama, que tocan la fanfarria del fin de la historia. Esta visión posmodernista quiere reemplazar la memoria con la nostalgia a través de un *pastiche* del pasado, del presente y el futuro para enmascarar el congelamiento del tiempo y la invasión de todos los espacios por el capitalismo pos-moderno.

Los versos mágicos de Guerrero le transportan al lector a la orilla del mar –el repositorio de toda la consciencia colectiva; y un potente símbolo del destino de las almas en la iconografía hispánica, desde la apariencia de *Las coplas de Manrique*. Es un cáliz dulce-amargo que ofrece una catarsis espiritual.

Si la visión de Guerrero es inherentemente triste, es porque la recolección, en sí misma y por sí misma, es infeliz, de acuerdo con los postulados de la primera parte de *Repetición*, escrita por Kierkegaard bajo el seudónimo, Constantin Constantius ["Freedom and Repetition" S.D.]. La memoria, a través de la recolección, se basa en una ausencia fundamental, la que indica la finitud de la sujetividad misma. En cada acto de recolección ya está inscrito un momento de pérdida, el cual reenfoca el análisis hacia una relación constitutiva entre la recoleción y la muerte [Lotz]. Los estudios científicos han mostrado que la recolección se activa en el hipocampo ["Findings... S.D."], a través del neuro-receptor norepinefrina, la hormona responsable por la reacción de *fight or flight* ("pelear o huir") [Kaufman] y por tanto, se asocia con las memorias tristes [Mano]. Para Kierkegaard, representa los esfuerzos de recuperar un pasado idealizado, un escape del tiempo hacia lo eterno [Mackey 191]. Lo temporal, sin embargo, sólo se puede entender en relación con la eternidad –la que sirve como una fundación para medir el tiempo y evitar el vacío –un caos de sonido y furia [Mackey 193, Lotz S.D.].

Para Jacques Lacan, la recolección se concentra en lo imaginario al enfatizar la identidad de la catexis del deseo (la inversión de la energía mental, emocional o sexual) y la perceptual (la percepción infantil –ya que se presume que la relación entre el deseo y el objeto consituye una forma de la recolección) [Pound S.D.].

Walter Benjamín, por su parte, opina que oscila entre la celebración y el luto en cuanto a la destrucción de la tradición y a la cultura tradicional [Mc Cole 2ss]; ya que la tradición puede resultar en la nostalgia –una especie de prisión dentro del pasado— o en el aura: ambiente que rodea un objeto, un escenario o un tiempo produciendo un enmarañamiento del tiempo y espacio, con la apariencia del pasado; el que puede funcionar como un vehículo de reconstrucción cultural. Dada su sensación de misterio e inviolabilidad, y su acumulación de testimonio histórico; la recolección le presta un aire de autoridad a los objeto rituales. La destrucción del aura amenaza la transmisión cultural y la experiencia coherente con el estado resultante de *Ratlosigkeit* "perplejidad, falta de consejo o fundamentos". El mundo ya carece de sentido [Mc Cole 3-8] –está en un estado de *koyanisqaatsi* (desequilibrio, fuera de sus goznes). Guerrero, por tanto, se empeña en crear un refugio para la memoria, una fundación necesaria para resuscitar su cultura.

Del túnel y el retorno, entonces, es el viaje espiritual al infierno de la destrucción cultural y la desolación del alma durante la frustrada revolución salvadoreña y la siguiente salida del túnel con *tesserae*, o fragmentos reconocidos, del patrimonio cultural salvadoreño. En un acto de *poiesis*, Guerrero ensambla las *tesserae* para una recreación personal. De acuerdo con las ideas de Séneca, es una manera de excavar el pasado para influir el presente y el futuro [Gunderson 15-16]. Según Henri Bergson, se crea la recolección al lado de una percepción verdadera y contemporánea. En la hora de recuperar la recolección nos impregnamos de un acto *sui generis* consistente en alejarnos del presente para reemplazarnos. Nos desplazamos en un principio en general y entonces en una determinada región del pasado. Se trata de un proceso de ajuste, semejante al enfocar una cámara. Nuestra recolección, sin embargo, se mantiene virtual [Pearson S.D.]. Cada recolección transforma no sólo un evento particular, sino la totalidad de la mónada [Lotz S.D.]. Ya que, para Jacques Derrida, la recolección y la memoria presuponen un movimiento de internalización idéntica con la ausencia y el proceso de alteridad en general, se asocia con el luto por el hecho que conjura un pasado perdido e inalcanzado, arraigado en lo otro; presupone una diferencia que imposibilita un verdadero acto de recolectar. Siempre produce una ambivalencia entretejida con la alteridad de la consciencia [Lotz S.D]. Es un reflejo virtual y potencialmente distorsionado de un pasado irrealizable [Clayton, ver a Sperb S.D.]. Poco a poco se condensa desde lo virtual hasta lo real como una nube que se transforma en rocío o lluvia [Deleuze 56]. Se hace más distinta, se asemeja a la percepción, pero siempre arraigada al pasado [Borradori S.D.]. De la misma manera que la condensación de las gotas reflejan la condensación de la nube en su totalidad, la recolección tiene un carácter holográfico que se constituye de imágenes fractales recurrentes e interactivas que se combinan nuevos patrones que moldean nuestro ser y nuestra identidad [Neo S.D.]. De esta manera, la recolección –la reconstrucción mental del pasado-- consiste en imágenes a la vez orgánicas y arbitrarias que producen una nueva imagen sin relación con el presente que antes existía [Makriyannakis S.D.].

Homi Bhabha nota que las narrativas históricas de la continuidad, las que retroactivamente crean la cultura, la nación y el tiempo autenticante hacia dentro, están internamente amenazadas con la lógica de interacción y la constante necesidad de transformar activamente los signos del presente en signos de la tradición –resultando en una identidad dividida y ambivalente, nunca presente sino en retrospectiva. Por consiguiente, el presente se aparece como un espacio combatido de la iteración, con límites problemáticos dentro de las temporalidades ambivalentes del espacio-nación [Friday]. De ahí, la recolección liga los momentos para interpretar el pasado dentro del presente [Deleuze 25]. El papel de Guerrero, como *poietai* es actualizar estas memorias recolectadas en el momento que se condensan en una reescritura del pasado [ver a Deleuze 64].

El poemario está dividido en cuatro secciones: "Encuentros con los túneles del mar", "Túneles de guerra", "Versos del mar", "Túnel nasciente de mi nueva piel." Estas corresponden con las fases de su descubrimiento del mundo: una poesía genealógica que surge de la consciencia colectiva que es el mar, su juventud interrumpida y violada por la guerra, tanto como el regreso al mar donde fue bautizado en sus elementos restauradores; su resurrección reminiscente a Xipe Tótec, el dios desollado del elote tierno. A pesar de sus imágenes están cargadas de violencia y luto, es un libro fundamentalmente arraigado en la esperanza, un poemario que empieza y termina con sueños de libertad y justicia.

El primer poema del libro, sin título, refleja la temática de la primera sección y el cronotopo cíclico del poemario. Empieza con la confesión onírica: "Yo nací por primera vez a los dos años"; y recuenta sus primeras memorias. Ya que Platón señaló que nacimos con la habilidad de ver y escuchar [Banach S.D.], Guerrero fecha su nacimiento en sus primeras memorias –junto al mar, fuente de toda la vida-- en donde, frente a su inocencia de niña, saca su recolección del conocimiento *a priori*: de lo infinito, de la naturaleza, su mundo pre-moderno:

> justamente bajo los dos únicos puntos
> cardinales que conozco, justamente en el
> quinto círculo azul de la tiniebla.

Aunque su brújula sólo admite 2 direcciones, serán las verticales de arriba y de abajo -y están dictadas por el traspaso del sol. Después agregaría los 4 puntos horizontales y el centro para formar las siete direcciones de las grandes civilizaciones premodernas. El quinto círculo/ciclo del sol se llama *Nahui Ollin* –"Cuatro Movimiento," en náhuatl –la última época de la cosmogonía azteca, la nuestra, en la que el mundo será destruido por terremotos.

Ahí con sus padres, al lado del mar, aprendió a viajar por el tiempo a través de la memoria. La recolección la transporta a los conocimientos primordiales y a las ilusiones que constituyen la fundación del futuro. La reminiscencia a través de la lengua:

> Con ellos aprendí a contemplar el infinito,
> a desmigar semillas de palabras en el viento
> . . . .
> a ahuecar la arena para capturar
> la espuma-mar de todos los ensueños.

Ahí conoció a su nahual, un pez llamado Dulce, que sondeaba los misterios del mar:

> . . . que hablaría
> siempre conmigo desde las cristalinas
> ondulaciones del tiempo.

"A mi abuelo" es un poema genealógico, no sólo en el sentido familiar, sino también en el sentido foucauldiano, el que documenta lo cotidiano --lo que normalmente consideramos "sin historia" ya que no consituye una historia oficial o una verdad que apoya al poder. La genealogía foucauldiana deconstruye la verdad por demostrar su naturaleza aleatoria y su papel en respaldar el poder y los intereses creados frente a un pasado lleno de pluralidades y, a veces, contradicciones ["Genealogy"]. Es una genealogía personal que enfatiza que la historia completa es una colección de todas las narraciones personales: "Desde luego que ya nadie te recuerda / como yo lo hago." De acuerdo al marco de referencia bergsoniana, cada historia es una imagen única con sus propios *pererga* (bordes o portales textuales). Como indica Guerrero: "la contabilidad mundana de los días / no basta". El poema detalla los recuerdos más sobresalientes de la vida de su abuelo, conocidos por todos sus amigos y familiares:

los nocturnos episodios
en los que te internaste
en campo abierto, franja abierta,
claro abierto,
para rescatar a campesinos caídos
en combate
. . . .
. . . tu vieja guitarra
. . . los ricos maizales
emergiendo en la vereda azul
de tus manos anchas

Pero la última estrofa revela sus memorias particulares, en las que su abuelo sirvió de *parergon* entre mundos, un túnel para pasarle las historias de los que vivían antes:

pues contigo conocí, por primera vez,
los antiquísimos túneles del tiempo,
en cuyas paredes vibraban
los misteriosos cantos
de los vivos
y los muertos.

El contexto del poema está reforzado por su rico léxico dedicado al viajar: "caminado, desierto, campo, franja, claro, portal, vereda, túneles." A través de viajar por los túneles, recolecta los conocimientos y la sabiduría del pasado.

"Feliz cumpleaños" documenta un rito de pasaje que marca el paso entre una niñez feliz y una adolescencia llena de horror –una pubertad temprana, forzada y bañada de sangre; una juventud violada por la guerra. Es un poema lleno de imágenes horroríficas ligadas a la penetración forzada y a la ira de un dios brutal que demanda corazones humanos:

> He recibido desde lo alto del cielo
> desde el retumbo del llano
> desde los tórax partidos,
> desde el rojo amanecer
> de horizontes incendiados

Es como si las huestes del archidemonio Hun Kamé salieran de Xibalbá para congelar el tiempo y destruir la creación:

> desde el sofisticado Dragón "F"
> que escandalosamente surca los cielos
> para vomitarnos su odio milenario,
> y desde todos los clamores confusos
> que resuenan allá afuera

Es una violación de mundos impuesta "desde lo alto del cielo", anunciado por "el retumbo del llano" lorquiano con un inventorio de acciones que forma una perversión de labores creadoras realizada por poderes demoniacos: "los tórax partidos", "el sofisticado Dragón 'F' que escandalosamente surca el cielo", "para vomitarnos su odio milenario", "furiosa y cruel desbandada de espanto" –en la que vemos la penetración de pechos, en lugar de fecundos vientres; una siembra de muerte, en vez de la vida; una eyaculación de "odio milenario" en vez de semilla; un pavor sin fin, en vez de la esperanza. Y en ese régimen paranóico, en el sentido deleuziano, no hay escape: "horizontes incendiados", "los pasos perdidos, / perdidos en la búsqueda / de un refugio cercano", "un padre / que jamás

cruzará nuevamente los umbrales / de su rústico patio".
El poema termina con la más absurda de ironías:

recibo disparos
recibo ronquidos
recibo finalmente, una felicitación de cumpleaños
un amargo y doloroso cumpleaños,
en la primera ofensiva guerrera
de mil novecientos ochenta y uno.

Al cumplir años, la joven se encuentra consignada a los infiernos en el primer año de plena guerra que durará 11 años más.

"No, por favor" documenta el secuestro de los pensamientos a través de la apropiación de la lengua. El régimen de masacres por un estado suicida regido por criminales y narcotraficantes se llama "patria"; el gemir de los moribundos ahora se llama "himno"; el congelamiento del tiempo se llama "futuro"; el escuadrón de la muerte se llama "brigada angelical". Un diabólico y paranoico *Newspeak* ha pervertido todo discurso –en tal régimen es imposible pensar por sí mismo – "hasta dejarnos confundidos en la siniestra / cotidianidad". Pensar por sí mismo, *thoughtcrime* (pensamiento criminal) en lenguaje de Orwell, es un acto por el cual,

. . . un millar de huesos
entonan con horror un negro canto
desde el clandestino espacio
de terrenos y playones olvidados.

Como señaló Ludwig Wittgenstein, "Die Grenzen meiner Sprache bedeuten die Grenzen meiner Welt" ("Los límites de mi lengua son los límites de mi mundo") [Wittgenstein 114-15]. Así que el control de la lengua marca los límites del discurso político –si no se puede decir nada, no se puede idearlo ni realizarlo.

Guerrero rechaza el discurso cerrado, no por hablar directamente en una lengua que carece de sentido; sino por las imágenes que aparecen en la bandera nacional:

pero si quieres que renueve el cielo,
el intenso azul marino, el gorro frigio
y las montañas
repara y limpia de una vez,
en tu discurso,
tus ridículas falacias.

"Tesoros" es un bautizo espiritual en el *paregon* primordial –la playa, donde se juntan tierra, mar y cielo. Sólo a través de una sumersión por los túneles de la recolección de la sabiduría está la poeta lista para recrear, para reconstruir del caos. Los tesoros ofrecidos consisten en pasiones primordiales; y a veces recuerdan a la cría monstruosa de Gaia: "la ancestral llama / de mis volcanes primitivos", "un antiguo canto conjurador / de terribles leviatanes" –la versión más primitiva de la creación que sale de:

. . . un umbral secreto
para que construyamos juntos
la versión apasionada
imprecisa y siempre nueva
de infinitas realidades

Pero es una creación sin razón y sin compañero:

y en la oscuridad perpetua
de mis tesoros milenarios
me hace falta la lámpara de aceite
la vital energía volcánica
a quien llamo: Tú…
Entonces
No
Tengo
Nada…

El resultado es una creación abortiva, aunque el sueño de crear se ha despertado. Es sólo una cuestión de seguir intentando, de encontrar pareja para la pro-creación de un nuevo mundo. Lo nuevo sólo sale de la repetición.

"Renacer" marca la llegada del invierno tropical de aguas caóticas. Aquí la creación ocurre paulatinamente frente a grandes obstáculos:

> Como no nacer en la frescura
> de este invierno
> ... ...
> siempre azul-tormenta
> siempre mar-chubasco.

Aquí el azul es tormenta, visto también en la bandera nacional –emblema de su patria establecida:

> sobre este duro mundo
> de roca, maíz,
> de truenos y asfalto.

Como Xipe Tótec, "Nuestro Señor Desollado," propagó vida con las nuevas lluvias de mayo, Guerrero ha renacido después de un cruento verano de sequía y sol sin piedad. Los versos paralelos recuerdan la poética maya del *Popol Vuh* con sus invocaciones de par en par –son repeticiones que se asemejan a los ciclos naturales. Aquí estamos en un mundo nuevo, libre de las garras de Xibalbá –un mundo duro que requiere trabajo duro: "que nos brota de las manos / que poco a poco hacemos nuevo." Es un mundo todavía duro, pero bendecido con el maíz –la materia prima de la humanidad, según los indígenas mesoamericanos. De acuerdo con la cosmovisión premoderna de la Biblia, el *Qur'an* y los libros sagrados de los mayas y aztecas, en su oficio de poeta utiliza la palabra para crear.

> Al influjo de la palabra de los Progenitores –vínculo entre el pensamiento y el acto— la tierra apareció entre la niebla original . . . Del diálogo amoroso entre los dos surge el acuerdo de formar la humanidad y sus medios de subsistencia. El amor y el consenso son la fuente energética que permite la creación del universo [Zavala & Araya 93].

"Guerrera", el último poema del libro, está lleno de desafío y esperanza. Guerrero, la joven guerrera, ahora ha acumulado la sabiduría, la experiencia y los conocimientos necesarios para sobrevivir: "No sucumbiré ante el presagio de la luna / ni al caprichoso ondular de malos tiempos." Ya ha liberado el tiempo del congelamiento infernal que quisieron imponer los señores de Xibalbá. De acuerdo con su sabiduría arraigada en la recolección, vive en un tiempo cíclico, en un cronotopo épico de acuerdo con Mijail Mijáilovich Bajtín. Es una interpretación ideológica de los ciclos naturales de las estaciones que dialoga verticalmente, entre los mundos físico y metafísico [Bakhtin 147-48]. Glorifica un pasado idílico como una tierra prometida eterna fuera del tiempo y por encima del presente mundo material, lleno de inmundicias y regido por tiranos, narcotraficantes y explotadores. Percibe el futuro como el fin del tiempo, un mero punto de mediación relativamente próximo en el que el mundo volverá a un edén: "un estado natural" con un cuadro de derechos innatos que sólo pueden ser logrados en el futuro como algo del pasado; aunque no se trata de realidades del pasado sino obligaciones [Bakhtin 147-48]. La sociedad épica se caracteriza por una profunda contradicción entre la ideología y la praxis, una polaridad extrema a través del eje de la demencia que amenaza derrumbar el sistema. La literatura mesoamericana funciona como las obras enciclopédicas medievales como *La divina comedia*, el tiempo está sujeto a la interpretación simbólica. Todo lo espacial y temporal, las imágenes de personas y objetos, tanto como sus acciones, tiene un significado alegórico o simbólico [Bakhtin 156, Docherty 16]. En este sentido, el pasado predice el futuro aunque no lo determina de una manera totalitaria. Como la geografía dantesca, el tiempo tiene forma de hélice –un círculo que avanza con cada ronda.

Como mujer, Guerrero vive bajo la influencia de la luna. Como mortal, vive en un mundo sujeto a los katunes –ciclos de buena suerte o de mal agüero. Pero como los genes, los ciclos son materia prima, ofrecen tendencias –somos nosotros mismos quienes hacemos la vida. Somos nosotros mismos quienes convertimos los ciclos naturales en historia. De esta manera, Guerrero, la guerrera, se ha convertido en *poietes, fabbra,* hacedora en todo sentido:

sumergiré mi corazón en savia pura
y me nombraré mujer de amor,
maíz, palabra y fuego.

Al vencer los monstruos del alma, está lista para vencer los demonios ideológicos que amenazan su patria:

Acudiré ante el llamado de la aurora
soltaré mi barca entre acuáticos senderos
me vestiré de roca y broncíneas armaduras
para matar dragones en la vorágine
del viento.

Hoy es un nuevo día, tan importante como el primer amanecer en *Chicomoztoc* "Siete Cuevas" para los nahuas, *Vucub Zuiván* "Siete Barrancos" para los quichés, y *Vucub Pec* "Siete Cuevas" para los yucatecos [Longhena 73]. Hemos entrado en la creación y a nosotros nos toca defenderla. Guerrero, a través de su poemario *Del túnel y el retorno* acude a la antigua sabiduría para enseñarnos el camino de la guerrera, su valentía para enfrentar el pasado y sus sueños para el futuro, sólidamente construidos en la fundación del pasado.

Obras consultadas

* Angerer, Marie-Luise. "The Uncanny Pleasure of Repetition." (on-line).

* Bakhtin, Mikhail. *The Dialogic Imagination.* Austin: U Texas P, 1981.

* Banach, David. "Plato's Argument from Recollection from the *Phaedo*". 2006 (on-line).

* Borradori, Giovanna. "The Metaphysics of Virtuality in Bergson and Nietzsche." (on-line).

* "Cathexis." *Wikipedia.* (on-line).

* Clayton, E. Anna. "Mindworks: Getting inside heads in fiction film." [Proceedings of the] *Screen Studies Conference, University of Glasgow,* July 2006. (on-line).

* De Landa, Manuel. "Deleuze and the Open-ended Becoming of the World." *Diss. Thema Virtualität.* (on-line).

* Deleuze, Gilles. *Bergsonism.* New York: Zone, 1991.

* Docherty, Thomas. *Postmodernism.* New York: Columbia, 1993.

* "Findings point to the hippocampus as critical to the process of recollection." *Medical Research News.* 8 Sep 2004 (on-line).

* "Freedom and Repetition." *Zoepolitics.* 16 Sep 2007. (blog) (on-line).

* Friday, Krister. "A Generation of Men Without History": *Fight Club,* Masculinity, and the Historical Symptom." *Postmodern Culture.* 2003. (on-line).

* "Genealogy (Foucault)." *Wikipedia.* (on-line).

* Guerrero, Abigail. *Del túnel y su retorno.* San Salvador: Lis, 2005.

* Gunderson, Erik. *Declamation, Paternity and Roman Identity.* Cambridge: Cambridge UP, 2003.

* Kaufman, Marc. "Emotion Hormone Sharpens Memory." *Washington Post,* 8 Oct 2007: A08.

* Longhena, Maria. *Maya Script: A Civilization and its Writing.* New York: Abbéville, 2000.

* Lotz, Christian. "Recollection, Mourning and the Absolute Past: Husserl, Freud and Derrida." *New Yearbook for Phenomenology and Phenomenological Philosophy* 4, 2004: 121-141. (on-line).

* Mackey, Louis. "Once More with Feeling: Kierkegaard's Repetition." Harold Bloom, ed. *Søren Kierkegaard.* New York: Chelsea House, 1989: 191-218.

* Makriyannakis, Vangelis. "Angelopoulos' Ulysses Gaze: Where the Old meets the New." *Forum: University of Edinburgh Postgradute Journal for Culture and the Arts.* (on-line).

* Mano, Yoko. "Retrieval Process of Autobiographical Memory –A Study Using the Ratio of Emotions." (on-line).

* Mc Cole, John. *Walter Benjamin and the Antimonies of Tradition.* Ithaca: Cornell UP, 1993.

* Neo, David. "Fractal Images of Memory in Mother and Son." *Offscreen* 30 Nov 2001 (on-line).

* Pearson, Keith Ansell. "The Curious Time of Memory." *7th International Conference of Philosophy, Psychology, Psychiatry U Heidelberg, Sep 2004.* (on-line).

* "Platonic Epistemology." *Wikipedia.* (on-line).

* Pound, Marcus. "Lacan, Kierkegaard, and Repetition." Quodlibet: VII: 2, Apr - Jun 2005. (on-line). http://www.Quodlibet.net

* Sperb, Jason. "Internal Sunshine: Illuminating Being-Memory in *Eternal Sunshine of the Spotless Mind.*" Kritikos Volume 2, Jan 2005 (on-line).

* Wittgenstein, Ludwig. *Tractatus Logico-Philosophicus.* London: Routledge, 1974.

* Zavala, Magda & Seidy Araya. *Literaturas indígenas de Centroamérica.* San José: EUNA, 2002.

* Žižek, Slavoj. *The Parallax View.* Cambridge: MIT P, 2006.

Poesía en vivo: el verso quinético de Isolda Hurtado

La poesía de Isolda Hurtado demuestra una maestría lírica y musical con un ritmo que pone las imágenes a bailar. Experimenta con la prosodia para crear versos polirrítmicos que reflejan la fusión de elementos que forman las culturas centroamericanas. Es una poesía lúdica que debe mucho a la sinestesia modernista, pero también a la lingüística; la que utiliza a través del ritmo y de la fonología, para expander los límites de la lengua. Para mejor entender la razón de su estilo, es imprescindible examinar la relación entre la lengua y el mundo.

El filósofo Ludwig Wittgenstein entendió la lengua como la escena *(locus)* de sucesos que requieren juicios reflexivos [Readings 106]. Para él "cada acto de creación es inseparable de la crítica de su medio, y cada obra, intensamente reflejada sobre sí misma, parece una duda encarnada de su propia posibilidad" [Erich Heller cit. Said 88]. Es decir, la lengua es fundamentalmente un medio que refleja el mundo. Tanto la lengua como el mundo comparten una estructura común, o sea "forma lógica" [Sedgwick 228].

El descrubrimiento de la lengua tiene que ver con su abstracción estructural desde la experiencia, con su hipóstasis como objeto, poder o actividad con su propia autonomía. Sobre todo, hay que descartar la idea de que la lengua siempre funciona de una sola manera [Wittgenstein cit. Jameson 634]. Hay una plétora de hábitos y convenciones que permiten a la lengua cumplir sus varias funciones en el mundo [Wittgenstein cit. Norris 36]. De hecho, "Die Sprache ist ein Labyrinth von Wegen" ("La lengua es un laberinto de senderos") [Wittgenstein 1958: 102].

El significado está involuncrado con las formas o prácticas y no en intimaciones privadas del intento: "El empleo figurativo de la palabra no puede estar en conflicto con el [empleo] original" [Wittgenstein cit. Norris 41]; "Die Bedeutung eines Wortes ist sein Gebrauch in der Sprach" ("El significado depende del uso en la lengua") [Wittgenstein cit. Villanueva 58]. El modo en que la gente habla "crea objetos," en el sentido de que hay muchas cosas que no existirían sin que la gente llegara a hablar de cierta manera [Wittgenstein cit. Rorty 42].

Hay una conexión entre el idioma, la situación *única* del individuo y los principios generales de la ciencia con que el individuo quiere tratar [Wittgenstein cit. Ulmer 187]. "Die Grenzen meiner Sprache bedeuten die Grenzen meiner Welt" ("Los límites de mi lengua son los límites de mi mundo") [Wittgenstein 1974: 114-15]; por tanto, no se puede estar *fuera* de la lengua, ya que la lengua nos define el mundo [Sedgwick 228].

Wittgenstein distinguió el decir *(diégesis)* y el mostrar *(mímesis)* [Zizek 2001: 128]; señalando que la lengua no puede decir y [de]mostrar a la misma vez [Norris 19], "Was gezeigt werden kann, kann nicht gesagt werden" ("Lo que se puede [de]mostrar, no se puede decir") [Wittgenstein 1974: 50-51]; exigiendo "Wovon man nicht sprechen kann, darüber muss man schweigen" ("De lo que no se puede hablar, hay que callar") [Wittgenstein cit. Zizek 2000: 121]. Parte del papel del poeta es, por tanto, expander los límites de su arte por [de]mostrar lo de que no se puede decir. Es decir, cuando no se puede explicar por vía informática (*wissen*--el saber), hay que explicar por vía experimental (*kennen*--el conocer).

El primer libro de Hurtado, *Silencio de alas* [1999], tiene muchos ecos de la lírica de Juan Ramón Jiménez y su uso de poesía pura; sobre todo, por el uso de *Klangfarbe* (tono y color) a través de bosquejos coloridos y rítmicos de la naturaleza que fluyen y desvanecen como las imágenes cinéticas y efímeras de un *nickelodeon*. --Igual que Jiménez, hay una identificación intrínseca con la naturaleza, el uso del lenguaje depurado y de una belleza sencilla. Los vaivenes de la vida corresponden con los ciclos naturales. De acuerdo con la observación de Wittgenstein, los poemas demuestran lo que no pueden decir, a través de la *phanopoeia*.

"El pescador" [1999: 15], como indica el título, se trata de un marinero que regresa a la ribera, al final del día. Empieza con una sugerencia de romance español con los primeros dos versos en octosílabos trocaicos que de repente se convierte en una oda anisosílabica de forma 8-8-5-8-7 7-8-8-7-8 (el último verso está dividido en dos por hiato [3 + 5]); dándole al lector una sensación de marea.

También ofrece una liberación del tiempo cíclico, ya que el abandono de la prosodia tradicional lleva hacia un tiempo lineal. La alternancia de versificación y métrica, el uso de aliteración y la yuxtaposición de imágenes producen un mecer, un vaivén al compás de las olas y el tiempo que lleva al lector a través de un atardecer hasta llegar al muelle. La sensación de mecer está aumentada por una alternación de vocales altas (*i, e*) y bajas (*a, o, u*). El uso de troqueos (ó-o ó-o) acentúa el movimiento de lado a lado. El contrapunto métrico con anfíbracos (o-ó-o) corresponde a cambios de corriente y velocidad. La mezcla de pírricos (o-o) y troqueos acentúa el movimiento. La oposición entre "río arriba" y "río abajo" profundiza el mensaje.

Baila el bote río arriba	ó-o ó-o ó-o ó-o
a la caza del ocaso	ó-o ó-o ó-o ó-o
… … … …	
Reflejan las estrellas	o-ó-o o-o ó-o
río abajo las montañas.	ó-o ó-o ó-o ó-o

Al final del poema, al anochecer, el viejo llega dormido bajo el vigil de las estrellas hasta la ribera; terminando así el viaje, el despertar, el día y el ritmo del tiempo. La división del último verso crea un alentamiento del tiempo, un presagio de muerte que corresponde con el fin del romance cotidiano del humilde pescador.

entre la brisa y el vaivén	ó-o-o ó-o-o ó-o
hasta llegar dormido	ó-o-o ó-o ó-o
el viejo	o-ó-o
a la ribera.	o-o o-ó-o

"Alegría" [1999: 50] tiene una prosodia que ultiliza una silabificación con múltiples de dos y alternación de vocales, sobre todo <a> e <i>. Es una joya quinética que le recuerda un juguete de cuerda. En el poema predominan el troqueo y el anfíbraco. La yuxtaposición de pírricos con troqueos acentúa el movimiento (o-o ó-o) como una fanfarria de trompetas.

Saltarina amaneciste	o-o ó-o o-o ó-o
alma mía	o-o ó-o

Se ve algo semejante en el primer verso de la segunda estrofa, con dos dáctilos y un troqueo, donde el contrapunto del troqueo enfatiza el sujeto.

Sobre las hojas del **patio**	ó-o-o ó-o-o ó-o
y el aroma de los **mangos**	o-o ó-o o-o ó-o
levita este aliento	o-ó-o o-ó-o
que dejó la lluvia	o-o-ó o-ó-o

El poema termina con ritmos contrastantes: un anapesto y un par de anfíbracos. Es un contrapunto que produce un alentamiento seguido de *rallentamento*.

y después	o-o-ó
seguiste soñando.	o-ó-o o-ó-o

"Júbilo" [1999: 71], con su baile de versos cortos y largos, es una oda que rodea como un vals. Celebra la llegada de la temporada con sus aguaceros y revivificación de la naturaleza, incluso las luciérnagas que cantan y bailan con sus luces:

Alumbrarán	o-o o-ó
las luciérnagas sus aretes	o-o ó-o-o o-o ó-o
antes de ceder los párpados	ó-o-o o-ó-o ó-o-o
a las sonbras	o-o ó-o
que trae entre sus parques	o-ó-o o-o ó-o
la alegría	o-o ó-o

El poema disminuye con un *fade out* y, de repente termina agudamente en "luz".

Será el horizonte	o-ó o-o ó-o
música al corazón	ó-o-o o-o-ó
y a la palabra	o-o o-ó-o
luz.	ó

Su segundo poemario *Florece el naranjo* [2002], es una obra de sinestesia que incorpora pinturas de Fernando Silva. En este poemario, los ritmos son más complicados y hay una mayor tendencia hacia el uso de versículo. El uso de contrapunto enfoca al lector, en las palabras indicadas.

"Florece el naranjo" [2002: 7], el poema titular, presenta el ritmo como un diálogo vital y creador a todo nivel y de todos los temas; de este modo, equivale la *poiesis* artística con la creación física. Predomina la combinación de pírricos y troqueos tanto como el uso de contrapunto para marcar cambios de foco o de emoción. En la primera estrofa, la cláusula "crear vértigos" está marcada por la yuxtaposición de yambo y dáctilo; produciéndose, por el embotellamiento de acentos, una cacofonía que corresponde con la sensación negativa.

Es hora de prolongar el ritmo donde reposas silencio
o-ó-o o-o-ó o-ó-o ó-o o-ó-o o-ó-o

crear vértigos   o-ó ó-o-o
   tal vez el horror   o-ó o-o-ó
afilar la ironía   o-o ó-o o-ó-o
   morirme de risa de mí misma o-ó-o o-ó-o o-o ó-o
acariciar los bordes del mutismo a pura palabra.
o-o o-ó o-ó-o o-o ó-o o-o o-ó-o

Las estaciones del año corresponden con el ánimo del artista, con los altibajos de la vida.

Al sol lo oculta su luz cada amanecer
o-ó o-ó-o o-ó ó-o o-o o-ó
en el tiempo mi espacio se agranda o disminuye
o-o ó-o o-ó-o o-ó-o o-o ó-o
   y mi amor enloquece.   o-o-ó o-o ó-o

El florecimiento del naranjo corresponde con el éxito artístico.

Allí donde todo es mío y nada tengo   o-ó-o o-ó-o ó-o o-o ó-o
florece el naranjo   o-ó-o o-ó-o
cuando el polvo barre la tarde.   ó-o ó-o ó-o-o ó-o

"Granada" [2002: 11], una oda en versículo, es un *buffet* de sinestesia lleno de colores, aromas, sonidos y ritmo que alude a las pinturas de Fernando Silva.

Estática **naturaleza**
de **azules** y **ocres** abrasada

en **altas** y **bajas partituras**
inaugura el ave su **coro**
. . .   .
se **ven** los ídolos precolombinos
antes de levantar el **tacto**
y **tocar** con el **oído** alguna señal
. . .   .
Plata alumbra la luna
en **móvil penumbra**

La métrica predominante del poema es el anfíbraco (o-ó-o), el que repite el título "Granada" a través del poema como un clarín.

de azules y ocres abrasada   o-ó-o ó-o o-o ó-o

en altas y bajas partituras   o-ó-o o-ó-o o-o ó-o
inaugura el ave su coro   o-o ó-o ó-o o-o ó-o
. . .   .
Plata alumbra **la luna**   o-o ó-o o-ó-o
en móvil **penumbra**   o-ó-o o-ó-o

aquella   o-ó-o
Granada.   o-ó-o

"Tiempo" [2002: 34] empieza como un péndulo de troqueos y versos largos y cortos contando los altibajos de la vida para terminar en un tic tac de enumeración.

No hay dolor sin espina	o-ó o-ó o-o ó-o
ni alegría en la risa cuando es triste motivo	
	o-o ó-o o-ó-o o-o ó-o o-ó-o
apenas lamentos	o-ó-o o-ó-o
apenas alegres momentos	o-ó-o o-ó-o o-ó-o
y mi alma sostenida de una estrella	o-o ó-o o-o ó-o o-o ó-o
queda.	ó-o

El uso de versos anfibráquicos (o-ó-o) y la combinación de pírricos y troqueos en la segunda estrofa sirven para enumerar los elementos destacados. El contrapunto de troqueo y yambo en la primera línea marca la transición. El verso final es trocaico, consistiendo en una sola palabra: "tiempo"; la que sirve para dar el último paso del reloj.

Así las horas ariscas me enamoran	o-ó-o ó-o o-ó-o o-o ó-o
revelándote vos	o-o ó-o o-ó
desnudo	o-ó-o
inquieto	o-ó-o
victorioso	o-o ó-o
amante	o-ó-o
trotamundos	o-o ó-o
tiempo.	ó-o

"Noche flamenca" [2002: 62] destaca el uso del anfibraco para sugerir el ritmo flamenco. El primer verso, con un par de cláusulas anfibráquicos, se asemeja a una diana de clarín "Si andara la noche" [sic]. El segundo verso tiene un ritmo en forma de palíndromo: "aún sonaran tacones en luna llena"; yambo, tres anfibracos y troqueo en una maestría de contrapunto. La aliteración se repite como el traqueo de las castañuelas: "si andara [sic]… sonaran", "la noche… en luna llena."

Después de la diana viene la descripción del baile, principalmente en cláusulas anfibráquicos hasta que llegue la lluvia por el horizonte con un ritmo celestial:

tiene prisa **la lluvia que viene**	o-o ó-o o-ó-o o-ó-o
enro**jecidos** los pies **sacuden el polvo**	o-o o-ó-o o-ó o-ó-o o-ó-o

Al final el clarín se despide con anfíbracos y un susurro de *eses*:

lejanas sonrisas	o-ó-o o-ó-o
son sólo un recuerdo	o-ó-o o-ó-o

En su último poema, "Parque de los monos" [2002: 71-72], Hurtado nos enseña de modo gracioso que nosotros los humanos contamos por muy poco dentro de la grandeza de la creación. El poema comienza con una narración en prosa de sucesos cotidianos en enumeración aparentemente caótica. La sensación de lo ordinario está reforzado por una aliteración de *eres* y *eses*: "Ayer los árboles sacudían al sol sus ramas entrelazadas. Hoy recogidos tiritan de frío". Es prosa, pero la primera línea está escrita en hexámetro: o-ó-o ó-o-o o-o ó-o o-ó o-ó-o o-o o-ó-o. Curiosamente, el título tiene seis sílabas --número de mal agüero. En una escena reminiscente de "Arsenio" del poeta italiano Eugenio Montale, --viene una tempestad y el parque está abandonado. De repente "Un mono chilla acurrucado bajo el alero carcomido del kiosko"; rompiendo el liso fluir de la narración. Curiosamente el mono chilla en hexámetro: o-ó-o ó-o o-o o-ó-o o-o o-ó-o o-o ó-o o-ó-o (¡A lo mejor se escapó de las páginas de Lizandro Chávez Alfaro!; además la combinación de pírricos y anfíbracos repite la risa burlona del pájaro bobo: o-o o-ó-o o-o o-ó-o). Desde este punto, en un acto de *ostranenie* ("extrañamiento") la prosa comienza a disolverse en una versificación incompleta --hay versos, pero no están divididos por líneas sino por espacios y muchos están escritos en hexámetro.

por el arroyuelo flotan la pata de un taburete
                        la mano de yeso de un ángel
cáscaras y más cáscaras y en el costado . . .
                        mustia agrietada la pileta lama
y tortugas encerradas en sus conchas.

ó-o o-o ó-o ó-o o-ó-o ó-o o-o ó-o
o-ó-o o-ó-o o-ó-o ó-o-o o-o ó-o-o o-o o-ó-o
o-o o-ó-o o-o ó-o o-ó-o o-ó-o o-o ó-o o-o ó-o

El mundo prosaico de cronotopo lineal está secuestrado por lo épico y sus nociones de tiempo circular (Bajtín 95ss.). Más allá de los grandes contornos de la historia, "Una mona chilla desde el campanario de la iglesia de enfrente"; otra vez en hexámetro: o-o ó-o ó-o ó-o o-o ó-o o-o ó-o o-ó-o. Distinto a "Arsenio", ahora no hay escape. Más importante que el tiempo lineal de los hombres es el hexámetro del cosmos: tres troqueos seguidos de pírricos, un dáctilo y dos troqueos: o-o ó-o o-o ó-o o-o ó-o ó-o-o ó-o / ó-o. Su hexámetro no es clásico, sino una forma naturalizada que utiliza acento en vez de *morae*.

>A lo lejos el Mombacho encendido ruge al Gran Lago
>Tiembla.

El Mombacho, como se sabe, es el volcán encima de Granada que tiene una roca en forma de león. Mira hacia el Gran Lago, Cocibolca o el Lago de Nicaragua, con su mítica serpiente. La escena promete portentos apocalípticos. Pero qué nos espera, ¿el juicio final señalado por el número seis o la gloria profetizada por los hexámetros?

El genio de la poesía de Hurtado está en el uso de la lengua para crear un "laberinto de senderos", para utilizar las palabras de Wittgenstein. Como indica Louis Althusser:

>El arte… no nos da conocimiento en el sentido estricto, así que no reemplaza el conocimiento… pero nos mantiene enlazados, sin embargo, una relación específica con el conocimiento… [L]a particularidad del arte es "hacernos ver", "hacernos percibir", "hacernos sentir" algo que alude a la realidad… Lo que el arte nos hace ver… es la ideología de donde nace, en donde se empapa, de donde se desprende como arte, y a la que se alude… [Althusser cit. Eagleton: 83]

De esta manera su poesía no se limita a los significados, sino que expande las palabras por acudir a otras cualidades. Va más allá de la simple descripción para darnos imágenes polivocales y múltiples posibilidades. Refuerza las imágenes con sonido y ritmo para crear una espesura vivaz. Es una poesía exquisita, literalmente sentida.

Obras consultadas

* Bakhtin, Mikhail Mikhailovich. *The Dialogic Imagination.* Austin: U Texas P, 1975.

* Deleuze, Gilles & Félix Guattari. *Anti-Oedipus.* Minneapolis: U Minnesota P, 1983.
------ *A Thousand Plateaus.* Minneapolis: U Minnesota P, 1987.

* Edgar, Andrew & Peter Sedgwick, eds. *Cultural Theory: The Key Thinkers.* London: Routledge, 2002.

* Eagleton, Terry. *Criticism and Ideology.* London: Verso, 1984.

* Hurtado, Isolda. *Silencio de alas.* Managua: Decenio, 1999.
------ *Florece el naranjo.* Managua: PAVSA, 2002.

* Jameson, Frederic. *The Political Unconscious.* Ithaca: Cornell UP, 1981.

* Merleau-Ponty, Maurice. *Consciousness and the Acquisition of Language.* Chicago: U Chicago P, 1973.

* Norris, Christopher. *The Deconstructive Turn.* London: Methuen, 1983.

* Readings, Bill. *Introduction to Lyotard.* London: Routledge, 1991.

* Rorty, Richard. "*Foucault and Epistemology.*" David Couzens Hoy, ed. Foucault: A Critical Reader. Oxford: Blackwell, 1996.

* Said, Edward W. *The World, the Text and the Critic.* Cambridge MA: Harvard UP, 1983.

* Sedgwick, Peter. "Ludwig Wittgenstein." Andrew Edgar & Peter Sedgwick, eds. *Cultural Theory: The Key Thinkers.* London: Routledge, 2002: 227-30.

* Ulmer, Gregory L. *Applied Grammatology.* Baltimore: Johns Hopkins UP, 1985.

* Urtecho, Alvaro. <<Isolda Hurtado y su obligación de cantar.>> *El Nuevo Diario* [Managua] 18 febrero 2003 [en línea].

* Villanueva, Darío. *Theories of Literary Realism.* Albany: SUNY UP, 1997.

* Wittgenstein, Ludwig. *Philosophical Investigations,* 3rd ed. Oxford: Basil Blackwell, 1958.
------ *Tractatus Logico-Philosophicus.* London: Routledge, 1974.

* Zizek, Slavoj. *The Zizek Reader.* Elizabeth Wright & Edmund Wright, eds. Oxford: Blackwell, 2000.
------ *On Belief.* London: Routledge, 2001.

Confesiones impuras: *Inocente lengua* de Madeline Mendieta

En cualquier día de calor, nos hace bien un refresco para quitarnos la sed y despertarnos –frío para sacarnos de la letargia, dulce para seducirnos; pero punzante para prendernos y llevarnos a otro mundo. A lo mejor será una limonada hecha a mano, como hacía tu abuelita. El efecto astringente te desubica, te desorienta; al final de todo, produce una sensación de paralaje.

Con *Inocente lengua*, Madeline Medieta nos ofrece un refresco para el alma –pero no es una soda llena de azúcar y burbujas que sólo nos da más sed. Es un brebaje netamente natural, elaborado en los trópicos. Su acidez nos hace beberlo a sorbitos, meditando sobre cada gota, su amargura nos habla de la vida, pero tiene la cantidad exacta de dulzura para deleitarnos, para animarnos a pedir más.

> Se suspende en la esquina de un hilo
> La palabra
> Desnuda sus antagónicos huesos
> Y los diluye en limonada caliente.
>
> Escupe un agrio sabor a dulce
> Atormenta, estruja sus márgenes preñados.
>   "Juego de Palabras"

Es inocente porque no nos hace daño, aunque como tantas cosas que nos caen bien, nos puede incomodar –sobre todo si no estamos acostumbrados a nuevos sabores–. Y esta voz que recita, que nos habla de sabores y sinsabores de toda clase, no se arrepiente para nada de ser lengona.

En este poemario todo está, un poco, fuera de quicio; un saborizante deliciosamente perverso. La escritura tan engañosamente sencilla nos prepara una emboscada, ya que a través del paralelismo bíblico, de las imágenes oníricas, de los soliloquios desesperados, nos enfrentamos con la locura del mundo cotidiano, con lo absurdo de nuestra sabiduría recibida. Mendieta rompe los taxa habituales para mostrarnos el mundo torcido detrás de las máscaras.

> Se repite como una hora precede a otra
> Como cuando me digo que pronto cogeré el martillo
> Y romperé la careta de esta estúpida rutina!!!
> "Perfil del Círculo"

Aquí vemos un universo imperfecto ideado por Ingmar Bergman, en el que vivir es compartir la existencia con sinsabores. Pero hay esperanza en la *poiesis* –en la mujer que da vida,

> Semejantes a la noche somos las mujeres
> Nos preñamos para dar a luz a un nuevo amanecer
> "El parto"

en el *poietes* que crea obras de arte verbal,

> Ser poeta es ser madre
> Cada vez que dibujás las letras
> "Concepto"

en el escultor que produce una Galatea,

> Deseo esculpir tu cuerpo
> Con mi inocente lengua
> "Escultura"

en los pequeños actos espontáneos de amor,

> Amémonos en el monte
> Bajo la luz de la luna
> "Al aire libre"

en arriesgarse la salvación a través de un pecado mortal de amor:

> Cuántas veces has perdonado mis ofensas!
> ¡Esta vez no! ¡Señor, no!
> El que ofende a mi prójimo
> Me ofende a mí...y a ti?
> "Perdón"

Vemos una poeta afligida por el estado del mundo, llena de deseos de intervenir, de arreglar los errores del Creador con su única arma --la lengua:

> Veo mis manos sangrientas y temblorosas
> ¡Perdón! Señor!
> Tomé la espada de la justicia en mis manos
> Mi lengua entumida se angustia
> De tanto blasfemar
> Escupir, rancios rencores
> "Perdón"

y a veces de tirarse al olvido:

> Garabato
> Ato
> Ato
> Ata, ata
> La soga
> En el
> Cri, Croc
> Chum, chum
> Pam, pam, tus
> De mi cuello
> "Cuelgo"

A través de esta esquizofrenia crítica vienen las utopías, los hitos producidos por nuestros sueños –los que no sirven para encarcelarnos en un Edén; sino, para que sean superados:

> El amar de mi pueblo es preñar la tierra
> Es correr por sus mares, sin límites
> ... ...
> El ideal de mi pueblo es ser pueblo
> Por sobre todas las cosas
> "El pueblo"

Aquí está la tremenda alegría esquizofrénica de Mendieta de botar las paredes artificiales de la convención para crear:

Cada vez que dibujás las letras
Para decir soneto y verso,
París un hijo al igual que una campesina no conoce el preservativo
        "Concepto"

Sin barreras, ahora tenemos que acudir a nuevos hitos para ubicarnos, para navegar y para llegar a nuestro destino. Este aparente desplazamiento del objeto, entre puntos de referencia, o sea paralaje, crea una nueva geografía en cuanto a las relaciones entre sujeto y objeto. Un cambio epistemológico siempre produce un cambio ontológico en el objeto mismo –o sea la diferencia, en términos lacanianos– la mirada del sujeto siempre está inscrita en el mismo objeto percibido, como su *punto ciego* (blind spot); lo que es "más el objeto, que el objeto mismo"; el punto del cual, el objeto mismo, devuelve la mirada [Žižek 17]. Este paralaje produce un *dubito* o *cogito dudoso* en el sujeto –el ser como crítico. Lo importante aquí no es un punto fijo, sino la oscilación dentro de la laguna [Karatani 95]. A través de esta diferencia, Mendieta nos ofrece una visión más amplia del mundo sin murallas, sin barreras. Ella, poeta, ha hecho posible el surgimiento de todo esto, desde las raíces profundas de la creación y del amor al prógimo.

Obras consultadas

* Karatani, Kojin. *Transcritique*. Cambridge: MIT P, 2005.

* Žižek, Slavoj. *The Parallax View*. Cambridge: MIT P, 2006.

La sobrevivencia en un mundo pos-histórico: *Todo es igual y distinto* de Vidaluz Meneses

Desde 1776, cuando Adam Smith conjuró *la mano invisible* del mercado, los próceres de la avaricia la utilizan, tanto para fomentar el onanismo cerebral, como para darles un pescozón al pueblo. Hoy en día, en un acto sublime de *multitasking*, la mano gloriosa del mercado logra hacer ambos con la declaración del fin de la historia. Después de apropiarse del mundo espacial y real, ahora se apodera del mundo temporal y virtual.

El propósito de *Todo es igual y distinto* es enfatizar los verdaderos universales sobre los valores impuestos por el mercado y la posmodernidad. Exalta lo real sobre lo virtual, la humanidad sobre la reificación.

El posmodernismo es una ruptura --un milenarianismo invertido que reemplaza las premoniciones de catástrofe con una declaración del fin de las eras: de la ideología, del arte, de las clases sociales [Jameson 1999: 62]. Francis Fukuyama *et alii* desempolvaron una versión adulterada de la tesis hegeliana del "fin de la historia", invocando la desaparición de una alternativa creíble a las democracias liberales occidentales y concluyendo el discurso de los fines. Al medirse la universalización de la democracia por el *laissez-faire,* fuera de ese modelo, ya no hay salvación [Mattelart 408]. A pesar de los argumentos superficiales de Fukuyama, la crisis histórica no tiene nada que ver con el fin de la historia; sino, con el límite de la velocidad del tiempo, el que coincide con la velocidad de la luz. Este produce una corrupción cibernética de la realidad en la que la información vence los hechos [Virilio 1998 158]. "El capitalismo no tiene contradicciones, sino que es una contradicción, es un desafío a la sociedad, un hechizo de la relación social" [Jean Baudrillard cit. Readings 170n30].

La geometría es la fundación necesaria de la expansión planeada del poder estatal por el espacio y el tiempo [Deleuze & Guattari 2002: 536n8]. En un acto universal de "marcar los límites por las líneas", los romanos impusieron una razón de estado geométrico o lineal –con una segmentaridad más y más rígida [Paul Virilio cit. Deleuze & Guattari 2002: 212]. Con la apariencia de la linealidad y la ruptura de la percepción por la velocidad, vemos la *macropolítica de la seguridad* y la *micropolítica* –la microorganización del estrés permanente, sobre todo, en las ciudades [Deleuze & Guattari 2002: 520n24, 536n2]. La velocidad es el tiempo artificial de las ganancias a plazo corto. Tiene que ver tanto con el espacio, como con el tiempo; ya que se relaciona con la distancia y la centralización; y, es medida por el tiempo y el espacio [Brennan 275]. La violencia de la velocidad se ha convertido en la ubicación y la ley, el destino físico y moral del mundo [Virilio 1986: 151]. El carácter fascista de la velocidad desubica los vectores [Deleuze & Guattari 2002: 559n65]. Entre más consumo centralizado, debido a las exigencias de la velocidad, las cosas se encuentran fuera de su *hábitat* y lugar y menos pueden reproducirse [Brennan 276]. La cibernética biotecnológica es producto del darwinismo social. La trayectoria de la biocracia hacia la telecracia crea una nueva *consciencia colectiva común* [Virilio s.f. 133]. El resultado es una excavación zero-sum de la naturaleza [Brennan 277]. El ámbito de la velocidad absoluta es el poder absoluto. La *democracia electrónica* resulta en el reflejo en vez de la reflexión. La desconstrucción del estado no indica una progresión sino una regresión a la tribu, a los intereses particulares que regían antes de la democracia [Dufresne 2-3/3]. El fascismo no es el estado totalitario, sino el estado suicida [Deleuze & Guattari 2002: 231]. El estado totalitario no es un estado máximo, sino el estado mínimo del anarco-capitalismo (por ejemplo el Chile pinochetista) [Deleuze & Guattari 2002: 462]. Lo que hace peligroso al fascismo es el poder molecular o micropolítico –un cáncer, en vez de un organismo totalitario; el microfascismo enseña por qué el deseo desea su propia represión. El deseo resulta de un esquema bien estructurado, rico en interacciones: una segmentaridad total que procesa las energías moleculares; y es capaz de darle al deseo una determinación fascista [Deleuze & Guattari 2002: 215].

El primer poema, "Neoliberalismo", es una joya amarga en forma de epigrama.

Neoliberalismo: Acomodarse
A cómo darse.

De acuerdo al *Diktat* del *New World Order*, la única manera de sobrevivir es venderse o rendirse, convertirse en el matón de la piñata. ¿Y los demás?: ¡qué coman queque! Según las reglas del neoliberalismo, los que sobreviven son --*sur vif*, "super-vivos", véase --*vif* "vivo", *vitesse* "velocidad", violencia (*vive force, être vive*), *vie--être vif, c'est être en vie* "ser vivo es estar vivo" [Virilio 1986: 47]; *ubique quo fas et gloria ducunt* [Virilio 1986: 50].

Meneses utiliza el humor deconstructivo como un acto de resistencia a través de la cultura tecnológica [Armitage 9/10].

> Con el uso a-crítico de términos promovidos o revisados al amparo del librecambio hay una auténtica desreglamentación de los universos conceptuales que nos sirven para denominar al mundo. Gran parte de la confusión que reina en torno a la interpretación de la actual etapa de interdependencia de las economías y de las culturas surge de la a-topía social de las palabras. Con eso –un paso de la sociedad de disciplina a la sociedad de control [Mattelart 406].

Meneses, por tanto, se siente obligada a reapropiarse de la lengua. Ashis Nandy señala que la resistencia puede ser violenta o pasiva o, de otra manera, el disidente puede mantenerse fuera del juego. Al apartarse del juego, se crea un nuevo juego de visiones y futuros disidentes. El futuro en sí, es un estado de consciencia. El ámbito principal del juego es transformar el futuro por cambiar la consciencia humana de este futuro. Al defininir lo que es *inmutable* y *universal*, el Oeste silencia las visiones de otras culturas para asegurar la continuidad de sus propias trayectorias lineales del pasado y el presente, hacia el futuro. Al olvidarse del futuro, otras culturas se hacen prisioneras del pasado, presente y futuro del Occidente. Según Nandy, para escapar de esta estructura, las culturas tienen que definir su propio futuro en términos de sus propias categorías y conceptos. Hay que articular sus visiones en una lengua fiel a su propio ser. Las culturas no-dominantes tienen que mostrar una representación colectiva al sufrimiento, por todos lados, y por todos los tiempos, para evitarlo en el futuro. Estas culturas tienen que estar conscientes de las fuerzas extranjeras de la crueldad y de la tristeza, tanto como los *vectores interiores,* que les han arrebatado: el ser verdadero. Es imprescindible que transformen sus culturas en culturas de resistencia [Sardar & van Loon 88-9]. Hace falta una revolución permanente en la vida intelectual y cultural, tanto como una reinvención constante de precauciones contra la reificación conceptual [Jameson 1999: 401].

"Oficinistas" es un estudio humoroso e irónico de la ciber-contaminación de nuestra realidad. Ya estamos perdidos en el tiempo y el espacio. La velocidad determina el espacio y el tiempo, la geografía y la individualidad. La velocidad de la luz posibilita el desplazamiento del tiempo-espacio natural con uno artificial, sin expanso y duración. En tal mundo, los *habitus* del tiempo y del espacio se desvanecen ante la hegemonía del simulacro, de la percepción artificialmente mediatizada, de las anatomías cibernéticas [Brigham 3/9]. Al alterar la *phusis* del mundo, ajustar la lógica y el *continuum* temporo-espacial inherentes para sus propios fines, el capitalismo ha sacado el tiempo del quicio [Brennan 278]. Eso significa el inverso de la relación entre el movimiento y el tiempo. El movimiento ya se subordina al tiempo. Todo cambia, incluso el movimiento. Salimos de un laberinto a otro, un laberinto recto y más misterioso por ser sencillo, inexorable, indivisible, incesante. El tiempo ya no está relacionado al movimiento que mide, sino que el movimiento está relacionado al tiempo que lo acondiciona [Deleuze 1984 vii].

Las oficinistas

> Recréanse en revistas *Vanidades* y *Cosmopolitan*
> y en frases que definen al hombre favorito:
> "mitad caballo, mitad cordero"
> es decir, fuerte y delicado.

Las mujeres buscan al hombre ideal de acuerdo al criterio establecido por revistas que vienen de la sede de la ciber-cultura. El hombre de sus sueños sólo existe en el mundo virtual, ya que es una quimera (del griego *khimaira*, bestia fantástica compuesta de varios animales) [*Pequeño Larousse* 740]. De esta manera toman lo virtual por lo real. En la edad de la ciber-biología, la quimera no es tan fantástica. La industria biogenética ha inyectado los genes de muchos animales en las células de los animales domésticos. No sería ninguna sorpresa encontrarnos frente a una quimera humana.

Pueblan con risas nerviosas y voces cantarinas
el ámbito oficinesco.
Gatunamente el Contador da vuelta
en su silla giratoria y pasando inspección
a las piernas descubiertas por las minifaldas
exclama: --Todo está *word perfect*!

Las mujeres, por lo menos, sueñan con algo real. El contador, maestro de la prestidigitación del dinero electrónico, está tan pegado al mundo virtual que toma a las mujeres reales por virtuales –¡son *word perfect*!—tan bellas y apetecidas como las de la *cyberporn*. No es un caso de la naturaleza que imita el arte sino un ejemplo de lo real que imita lo virtual. La mujer virtual nunca dice que no, no se queja, no tienen que alimentarla ni hacerle regalos y se la puede apagar cuando están aburridos. Siempre está lista. Es la mujer perfecta para un *cyber-geek* empapado en el *software*, a quien le hacen falta ciertas destrezas sociales. Espía a las oficinistas "gatunamente", desde su silla giratoria y panóptica, como si fueran presa o mercancía. Es un hombre perdido para quien el tiempo está fuera de quicio.

> Chi fa uso del virtuale si viene a trovare nel lungo periodo in una condizione di incertezza fra ciò che esiste in atto, in concreto e ciò che è virtuale [Virilio 1999 s.p.]
> Le reti elettroniche ci forniscono una nuova ottica mediata della realtà . . . . La materia ha acquisto una terza dimensione, oltre a quelle della massa e dell'energia: l'informazione con l'utilizzo delle reti telmatiche stiamo andando incontro al caos totale di una società disintegrata. Il denaro si è smaterializzato fino al punto di diventare pura informazione [Virilio 1995 s.p.]
> Bisogna ricreare una nuova prospettiva . . . . come modo di vedere il reale. . . . È necessario trovare un equilibrio fra ciò che è reale e ciò che è virtuale ed arrivare ad una "stereo-realità" ossia ad un'unità di percezione delle . . . dimensioni [Virilio 1999 s.p.]
> Dalla velocità assoluta alla immolbilità assoluta il passo è breve perché non abbiamo più bisogno di andare incontro alle cose, tutto arriva a poi. Temo l'avvento di un senso di claustrofobia dentro questo tipo di modo che arriva in casa in quanto non si sente più la necessità di esplorarlo realmente [Virilio 1999 s.p.]

Quien utiliza la realidad virtual llega a encontrarse por un largo período, en una condición de incertidumbre entre lo que existe en la realidad concreta y la virtual.

Las redes electrónicas ofrecen una nueva óptica mediatizada de la realidad . . . . La materia ha adquirido una tercera dimensión, además de las de la masa y de la energía: a través, de la información con el uso de las redes telemáticas nos encontramos en el caos total de una sociedad desintegrada. El dinero se ha desmaterializado, hasta el punto de convertirse en pura información.

Hay que recrear una nueva perspectiva . . . como una manera de ver lo real . . . . Es necesario encontrar un equilibrio entre lo real y lo virtual y llegar a una *estereo-realidad* que lleva a una unidad de percepciones.

De la velocidad absoluta a la inmobilidad absoluta, es un paso breve porque no tenemos que andar buscando las cosas; todo nos llega a nosotros. Temo la llegada de una sensación de claustrofobia dentro de este tipo de modo que llega a casa en cuanto ya no se siente la necesidad de explorarlo realmente.

La reducción de lo humano a lo virtual es la cumbre de la reificación.

"Amor en cualquier tiempo" le ofrece dos poemas de extraordinaria belleza, por el precio de uno. El propósito de un poema escrito en verso libre y como soneto es demostrar que el amor es «un universal humano» que siempre está de moda –a toda época, a toda edad- a pesar de la deshumanización de la posmodernidad.

    Hemos dado cauce a la audacia del amor
    Cuando el brillo gris
    se ha instalado como aura en tu cabeza
    y en el entorno de mis ojos y labios
    los años han puesto su huella incipiente.

    Hemos dado cauce al amor audaz
    cuando en el entorno de tus ojos
    el tiempo ha hallado a su antojo
    y una aura corona tu faz.

Es un ensayo de recuperar la humanidad y los verdaderos valores universales. El amor es una epifanía, una utopía fuera del tiempo. A pesar de las debilidades y los achaques de la vejez, el tiempo no puede vencer al amor –este "polvo querido" de Quevedo que dura más allá, de la muerte.

> Algo de todo sin embargo quedó sedimentado
> que fluye entre los dos cuando fundidos somos uno
> entregándonos sin triunfos ni derrotas al amor
> jugando a ganarle la partida al tiempo.
>
> Algo de todo en nuestro abrazo fluye
> cuando palpamos que el dolor huye
> de este amor del que somos capaces.

Por un instante, el amor rescata la juventud. Es lo único capaz de desafiar al tiempo. Es el arma más eficaz contra la reificación.

"Confidencia" revela la importancia de la experiencia personal en la historia. A pesar de sus declaraciones libertarias, sus ataques contra la ideología y su exaltación de la diversidad, el posmodernismo no es nada más que otra ideología –una *grande narrative* al servicio del neoliberalismo y el anarco-capitalismo. Igual a cualquier otra *grande narrative*, reprime todo *différend* y traduce toda narrativa a su propio discurso para sus propios fines [Readings xxxiii]. La diversidad se reduce a una cualidad del mercado, la libertad se percibe como la desregulación y la reducción del estado [Hopenhayn 98]. A pesar del rechazo posmodernista de la planificación, sus agentes hacen todo lo posible para usurpar la esfera común y prevenir el progreso [Hopenhayn 105].

Ya que todo arte convencional y cómplice está arraigado en la *anagnoresis* –la estructura del reconocimiento, hay que reemplazar la *gnosis* con la *praxis* al acudir a la alteridad y la heterogeneidad [Docherty 16]. El problema del pensamiento opositor, según Jean Baudrillard, es que ya está negada, para lo que quiere confrontar. La oposición y la crítica vacunan el sistema dominante. La tecnología de la representación cuestiona el estado ontológico de lo real. Para vencer al *malin génie* (el genio del mal) de la representación conjurada por Descartes, hay que seducirlo por acudir al objeto [Docherty 322].

En vez de abandonar la idea de la metanarrativa, mejor conviene una actitud pluralista de atacar el poder [Ernesto Laclau cit. Docherty 320]. De esta manera, las historias personales pueden servir como un juego de *petits récits* contra la *grande narrative* del mercado. Meneses nació en una sociedad dotada con muchos de los elementos alabados por el posmodernismo neoliberal: el estado minimalista, la desconfianza en la ciencia y la autosuficiencia. Afligida por el polio:

> A los tres años de edad
> dije que me había caído en una zanja,
> que por eso cojeaba,
> mi madre, casi una adolescente,
> no relacionó mi repentina cojera
> con las recientes fiebres
> que había sufrido y de cuyo delirio
> me sacaban con curaciones al Niño de Praga
> tías abuelas devotas
> rezando en coro a la orilla de mi cama.

Nicaragua, en aquella época, era un país sumergido en la ignorancia. Según muchos nicaragüenses, el tirano de aquellos tiempos había declarado: "No quiero hombres educados, quiero bueyes". En ese ambiente, el único recurso era rezar. A pesar de todo, Meneses descubrió su propia terapia a través del baile y de los juegos infantiles. Claro que no se hizo bailarina.

> Enfrenté el desafío de la patineta, de la
> bicicleta
> y aún más de los dos patines
> que desarrollaron mi pierna derecha
> más delgada que la izquierda.
> Adolescente, el *rock and roll* volvió a retarme
> y me incorporé a los frenéticos movimientos
> de mis compañeros de fiesta,
> disimulando los desequilibrios con la gracia
> de la juventud
> en oportunas volteretas.

Pero resultó su autoterapia.

Años más tarde
una compañera de estudio me confesó
que hacía denodados esfuerzos por caminar
de esa forma particular como lo hacía yo
ignorando el supremo empeño de mi parte
por no cojear, por aparentar el natural balanceo
de una modelo en la pasarela.

Su lucha personal la define como individuo y lleva la marca de su aflicción como una condecoración de valentía.

Los avances de la ciencia
me aseguran corrección completa
y a estas alturas ya la pienso dos veces,
ya convivo con mi pierna-bastón,
con mi andar de albatrosa,
navegando en la vida cotidiana
como velero, cabeceando levemente su proa,
llegando de cualquier manera a todo lugar.

Es un *petit récit* de valentía personal, pero hay que verlo como parte de una alianza de experiencias e historias personales que se juntan para asegurar el cambio, para instruir al público, para erradicar las tragedias prevenibles, para progresar.

"Canción de cuna de mayo" exalta la diversidad local, en este caso el carnaval afro-antillano de la Costa Atlántica de Nicaragua. Alaba una cultura que vive a través de la auto-suficiencia; y en la que se trabaja sólo para vivir y mantener sus costumbres autóctonas. Glorifica la canción "Palo de mayo" con su "sin saima si ma ló" que pertenece al dominio público y a cualquiera con el talento para cantarla –como los jóvenes que se la cantaron a Vidaluz en la conferencia CILCA de 2002 –sin tener que pagar derechos a ninguna compañía.

El poema es reminiscente de "Si yo fuera mayo" de Carlos Rigby, pero es más personalizado. El poema de Rigby relaciona la canción a la cultura y las realidades socio-económicas del Caribe. Ambos poemas celebran los poderes regenerativos y fértiles del palo de mayo.

El carnaval representa la inversión temporal de los valores dominantes. Como indica el nombre, destaca la carne –sea nutritiva o sexual- sobre el espíritu represivo. El carnaval de mayo se originó como una celebración de la primavera en Europa septentrional durante el medioevo. En el Caribe se mezcló con las tradiciones africanas y fue un tiempo de descanso para los esclavos -del mismo modo, ahora es el día internacional del trabajador-. En la América tropical corresponde a la llegada de la temporada lluviosa –que igual a la primavera, es la estación de la fertilidad, del verdor y las flores –simbolizada por el fálico palo de mayo.

Por eso, es

Buen tiempo para nacer,
pero *Miss Edith lost the keys*!
Buscan las abuelas con qué abrir,

Y todo marcha a los polirritmos afro-antillanos:

el corazón palpitando y el teléfono
Ring, ring, ring
Rikiting, ting ting.

El nieto acelerado llega al amanecer
Con la pinta del monárquico bisabuelo
Saluda el último día de Mayaya Oh!
A la interminable familia trenzada
En un frondoso *May Pole*.

Es un niño porfirogénito –*nacido en la púrpura*, color de los monarcas, gracias a la manchita en el trasero.

Esta celebración de la creación y la creatividad es un desafío a la esterilidad del credo neoliberal que sólo piensa en el lucro. Aquí la tradición popular y local perdura contra la globalización homógena.

El propósito de "Paco" es demostrar la existencia de una historia local de resistencia a través del tiempo. Demuestra un patrón local de lucha contra la imposición extranjera y los gobiernos que funcionan como subalternos de intereses globales.

La pérdida de la centralidad del sujeto en un período histórico con una complejidad de estructuras culturales y fragmentadas imposibilita cualquier idea de identidad humana genérica, tanto como los proyectos de la emancipación, la consciencia colectiva y el pensamiento utópico. La despersonalización del conocimiento --por convertirlo a la materia bruta de nuevos procesos productivos y la multiplicación de la información a niveles astronómicos-- impide el mantenimiento de la idea del sujeto, como el portador del conocimiento, tanto como la creación de cualquier ideología que pretende integrar el conocimiento disponible en una interpretación comprehensiva del mundo. Según Baudrillard, el gozo comunicativo (*communicative ecstasy*) --causado por el control de la informática, el fluir del capital y las telecomunicaciones-- disuelve las fronteras nacionales y las identidades regionales [Hopenhayn 95]. Como cualquier ideología, el posmodernismo neoliberal reniega la especificidad de lo local y lo traduce para los fines de la causa maestra [Docherty 11].

Por ende, siempre harán falta los héroes y siempre será necesario contar las historias clandestinas de los países pequeños. Aquí vemos el héroe arquetípico de puño duro y corazón suave.

>y hasta tuviste tu Manuelita,
>fiel campeona de la retaguardia
>sin quien ninguna de tus empresas
>hubiese sido acertada
>porque aún con tu don de mando
>te fue ingobernable tu insurrecto corazón,
>prendido de la cabellera caoba
>o de la falda abierta como al descuido
>el fatal aleteo de los años treinta
>o el sensual robacorazón de los cincuenta.

Es una alcurnia centroamericana, los "mil cachorros sueltos del León Español" --tan celebrados por Darío, que empezó con Morazán, pasó a Juan Santamaría, Benjamín Zeledón, Farabundo Martí, César Augusto Sandino, Rigoberto López, Otto René Castillo, Roque Dalton y Carlos Fonseca Amador; como un fantasma que volvió a la vida en cada generación .

> Desde entonces, frenético te dedicaste
> a escribir tus memorias
> que recitabas en voz alta con la marcial dignidad
> con que marchaste con Arbenz al poder
> y en cincuenticuatro al exilio;
> con la pasión de protagonista
> de la legión del Caribe
> o el eco de los diálogos interminables
> con los revolucionarios de América
> que ya nunca te dejaron en paz

La muerte más dura es el "martirio verde", como dominaban los irlandeses medievales a la vida de exilio del ermitaño y del fraile mendigante, atormentados en la soledad, esperando el llamado de Dios.

> y con tu sueño a cuestas recorriste alucinado
> los corredores de tu casa en largas madrugadas
> para que al fin decidieras convocar
> a la poca familia que te quedaba,
> pusieras tus relaciones en orden
> y te despidieras gentilmente
> no sin antes conocerme y confiar
> parte de lo que he contado,
> porque supiste que al comprenderte
> te liberaba de culpas,
> escuchando esas confidencias que sólo se dicen
> cuando ya no se espera más de la vida
> que la misericordia de abandonarla en paz.

Este es el momento de levantar el estandarte, ensillar a Rocinante y prepararse para reunirse con Dios.

"Itinerario/97" consiste en una serie de cinco *re-mords historiques* ubicadas en la Europa posmoderna. Debajo del ambiente estéril y virtual que pretende rasar el pasado e imposibilitar el futuro hay una historia humana que, a pesar de todo, vuelve a la vida –dejando un *re-mordiscón histórico*.

Con el ciberespacio la tecnología funciona a la velocidad de la luz para construir un imperialismo sicogeográfico. Lo que no sólo transforma el mundo, se hace el mundo. Con la victoria de la cronoestrategia sobre la geoestrategia, ya no nos importa el espacio real [Armitage 5/10]. A esta velocidad hay una industrialización del olvido y del carecimiento. Hay un extrañamiento de la historia, de los espacios y del pasado [Virilio s.f. 144].

Hay un espectro en la forma del espíritu del tiempo que se puede utilizar para subvertir la fácil conquista del neoliberalismo [Brennan 265]. La consciencia es una máscara deceptiva y una huella operativa de eventos que organizan el presente. Un pasado reprimido regresa al presente clandestinamente. Los muertos vuelven a frecuentar el mundo de los vivos –*re-mord*. La historia es antropófaga y la memoria se convierte en el campo de batalla entre el olvido y la huella mnemónica. Es una acción de un pasado obligado a disfrazarse. Cualquier orden autónomo está fundado encima de lo que elimina. Produce un residuo condenado al olvido. Pero lo excluido reinfiltra su lugar originario para convertir la permanencia del presente en una ilusión. La historiografía ve el pasado al lado del presente –causa y efecto, sucesión, desyunción [de Certeau 3-4]. Hay que tomar en cuenta el riesgo de caer en el *pastiche*, una imitación de estilos muertos, como una antropofagía casual del pasado [Jameson 1999: 74]. La nostalgia esfuma la contemporaneidad como un simulacro [Jameson 1999: 76]. Los límites, las restricciones y represiones, o espacios vacíos forman lo más interesante de un esquema utópico. Atestiguan de la manera en que una cultura o sistema designa a la mente más visionaria y limita su movimiento hacia la trascendencia [Jameson 1999: 208].

La "Ginebra ascéptica como un quirófano" es rescatada del silencio por

. . . . el osado muchacho
que saltó al tren con su guitarra
y comenzó a entonar una canción.

En Potsdamer Platz, en el corazón de Berlín, las llagas del muro caído se llenan con edificios posmodernos que juntan la ciudad quimera como las puntadas de Frankenstein. Un poco más al este, en Alexander Platz, cerca de Karl Marx Allee, la estatua de Marx y Engels desafían el *New World Order*. Por el otro lado de la plaza, en la sombra del *Fernsehturm*, o *Telespargel* ("tele-espárrago"), "el reloj mundial de la solidaridad / no ha detenido su marcha / imperturbable" hacia el *aufgehoben* (la trascendencia utópica).

Viena, mitad museo, mitad ciber-café, atrapada en la velocidad del "corre, corre / de trenes y autobuses", "no queda exenta / de los bluejeans y zapatos tenis".

Trafalgar Square en Londres honra a Horatio Nelson, el héroe máximo de la armada británica pero

> Pocos saben que la frágil
> y llorosa Rafaela Herrera
> con sábanas incendiadas
> incineró sus naves
> en nuestro Río San Juan.

Tenemos mucho que aprender de la prima Ivania y la amiga Ritva de Estocolmo que

> Viven en Bromma,
> Pero toman la vida en serio.

El posmodernismo funciona a través del control de la lengua y el discurso por vía de eufemismos. Se nutre de una ignorancia del pasado y cría la negligencia del futuro [Hopenhayn 100]. Hay que rescatar nuestros pasados para construir nuestros futuros. La profecía de Fukuyama sólo será cierto si ignoramos la multidumbre de fantasmas que *re-muerden* nuestro presente.

"Esa mujer está loca" relata las presiones del mundo posmoderno, las que pueden enloquecer a cualquiera –sobre todo a una pobre mujer que asume todos los oficios tradicionales de la época pre-moderna y, encima de eso, trabajo fuera de la casa para pagar las cuentas. Antes, le hubiéramos tomado en consideración ya que la Biblia nos dice que tenemos que amar al prójimo. Pero ahora, en el Babel posmoderno las cosas han cambiado.

> La torre di Babele mette in opera la tecnica, l'architettura e l'informazione, il linguaggio   –e la città, perché, devo ricordare che babele è una città verticale, è una torre . . . "Deregulation" --un caos, una confusiones babelica . . . (è un enorme lavoro da fare per tentare di

conoscere questa situazione, con i suoi annessi e connessi . . . La fine del dentro e del fuori è semplice disorientaziones. L'uomo non sa più dov'è. Certo è nello spazio reale, è *in*, ma dov'è? Non è più nell' *hic et nunc*, è qui e là al tempo stesso. Aquesto punto comincia la confusione. Il vicino e il lontano si confondono . . . La società è basata sull'amore de prossimo. Oggi ci viene detto di amare il lontano come noi stessi. Non il lontano nel senso metaforico, ma colui che è nella "strana lucerna", colui che non puzza, colui che non infastidisce. Assistiamo a una straordinaria inversione: il lontano la vince sul prossimo. Nelle nostre città, le persone che appaiono nella "strana lucerna", che facciamo apparire con lo *zapping*, non ci scomodano, non ci disturbano, non fanno rumore, non puzzano, non vengano a bussare alla porta a mezza notte. Al contrario, il vicino, il prossimo mi infastidisce, mi secca, mi disturba [Virilio 1997 6/7].

La torre de Babel pone a trabajar la técnica, la arquitectura y la información, el lenguaje –y la ciudad, porque hay que recordar que Babel es una ciudad vertical, es una torre . . . . . La desregulación es un caos, una confusión babélica . . .(es una enorme labor tratar de entender esta situación, con sus anexos y conexiones . . . El final del interior y del exterior consiste en simples desorientaciones. El hombre ya no sabe dónde está. Es cierto que está en un espacio real, está *in* (en la onda), ¿pero dónde? Ya no está en el *hic et nunc*, está aquí y allá al mismo tiempo. En este punto comienza la confusión. Se confunden el vecino y el lejano . . . La sociedad está basada en el amor al prójimo. Hoy dicen que hay que amar al lejano como a nosotros mismos. No el lejano en el sentido metafórico sino aquel en la pantalla, aquel que no huele, que no molesta. Vemos a una extraordinaria inversión en la que el lejano vence al prójimo. En nuestra ciudad las personas que aparecen en la pantalla, que hacemos aparecer con un *clic* del ratón, no nos incomodan, no nos estorban, no hacen ruidos, no huelen, no llegan a la puerta a medianoche. Al contrario, el vecino, el prójimo me molesta, me joroba, me disturba.

El Babel produce *babble*, palabra inglesa inspirada de esa ciudad notoria que significa "hablar sin decir nada, decir babosadas". La desterritorialización producida por la desregulación tecnocrática ha dejado a la pobre mujer completamente atónita, sin vías de comprensión y comunicación. No puede manejar los cambios abruptos otorgados por el mercado. Como en la película *Cool Hand Luke*, se aplican como lítote las palabras irónicas: "Clearly there has been a failure of communication" ("obviamente habría una falta de entendimiento").

Esa mujer está loca
la he dejado hablando con su sombra.
Hace poco sabía que la oficina de correos
era la casa azul y blanca, un puente
para comunicarse con el mundo
por teléfono, por telégrafo, por carta.
Hoy no encontró buzón para las cartas
ha llegado sin brújula a cualquier calle
donde le señalan la gasolinera
con su tienda abierta e iluminada
las 24 horas como un velorio.

No sólo se ha descentralizado el foro público de comunicación y lo han puesto en manos privadas, lo han reemplazado completamente para la clase pudiente. La pobre mujer, la que

sigue dialogando con su sombra.
Ha visto máquinas en unas casas
por las que se envían y se reciben mensajes,
y ella está más incomunicada que nunca.

Con la eliminación de los espacios públicos, de los servicios públicos, el estado se ha vuelto mínimo. Mientras tanto, el ojo ciberpanóptico globaliza todo el cuerpo humano [Virilio s.f. 145]. Todo poder está en las manos de la telecracia –los que no solamente no aman al prójimo, ni siquiera lo quieren ver. El único recurso es una esquizofrenia clínica o crítica –una rebelión síquica contra los poderes omnipoderosos. Bajo esas condiciones, sólo la esquizofrenia crítica es capaz de escrutar las contradicciones del poder. El nomadismo, la extensión más radical de esta crítica, engendra una forma de pensamiento que no debe nada a los modelos establecidos, y que evita cualquier contacto con ellos. Cumplir esa labor es un rechazo anárquico de la crítica misma [Buchanan 75]. Pero esto requiere la solidaridad --y la pobrecita está sin amigos, en una ciudad inefable:

y no hay rastros de la exigua ganacia de la semana
esfumada entre el pasaje del bus,
el pago proporcional de agua del puesto común
y las tres horas diarias de luz de la única bujía

Por ende, no nos sorprende que:

> Esa mujer está loca,
> pero aún teme perder la cabeza,
> por eso se aferra a su sombra.

Completamente con razón, ya que en el destierro ciberiano, se encuentra desposeída de su propia sombra [Virilio s.f.A 146]. Antes vivíamos en un mundo de sombras descrito por Platón –una disminución de los objetos que las proyectan: planas, inmateriales, sin cualidades, sin color, indistintas, sin interior; ausencias, cosas negativas. Las sombras nos mantenían a una cierta distancia del conocimiento. Pero le daban una solidez y un fondo al mundo [Casati 6]. Ofrecían información geométrica-espacial, les daban una fundación y una dimensión a los objetos [Casati 203]. Por ser proyectadas, las sombras forman un concepto espacial, parcialmente figurativo, parcialmente causal [Casati 205]. Ahora estamos en un mundo virtual, un sofisma que, como la filosofía de Parménides, pronuncia que nuestras vidas son ilusiones, que todo cambio es ilusorio, que no hay un vacío [Casati 55]. Sin la laguna del deseo que siempre queda sin llenar, no tenemos futuro –ya que la laguna del deseo es el motor del cambio. No, la pobre mujer loca no puede acudir a la crítica nómada para escrutinar el poder, pero la poeta, en su papel de *poietai*, o hacedor, sí lo puede hacer.

"Virgo" es un poema reminiscente en su estructura y temática de la segunda parte de "Digo que no soy un hombre puro" de Nicolás Guillén, escrito durante el llamado *quinquenio gris*, 1971-76, la época más dogmática de la revolución cubana.

La virgo vivió de acuerdo al código virginal de la virtud –palabras que vienen del latín *vir* "varón". *Virtute* en latín significa "masculinidad" o, más bien, el *habitus* o juego de actitudes sociales que componen la varonilidad. La mujer virtuosa, por ende, es la que cumple el deseo del hombre. La cumbre de esta actitud es la virgen –la que se sacrifica por renunciar a cualquier hombre hasta el matrimonio o la muerte.

> No conoció varón ni vibró ante voz masculina.
> Sus labios se cerraron herméticamente al primer beso.
> Sus ovarios se endurecieron
> como dátiles secos del desierto.
> Su útero fue la entrada inviolada
> a la caverna de la soledad.

Es una mujer, como dijo Guillén, con "la pureza del que no engendró nunca" --una de las "muchas cosas puras en el mundo / que no son más que pura mierda". ¿Y cuál fue su premio? "Sus manos... / a cambio sujetaron agujas / y tejieron para niños ajenos".

La rigidez de la estructura poética, con líneas paralelas como la denuncia de un fiscal, es paranoica en el sentido crítico. Paralela la rigidez moral de la protagonista. Es una ideología congeladora del tiempo, una imposición estéril que impide el progreso. El celibato es tan pernicioso como cualquier otra perversión sexual. La única manera de combatir la paranoia es con la esquizofrenia crítica, lo que Meneses utiliza con una gracia sublime.

> Su máxima aspiración se cumplió
> cuando en su féretro colocaron
> el lirio blanco de las vírgenes prudentes.
> Falo florecido para nadie.

"In extremis", el último poema, empieza con un epígrafe de Rosario Castellanos: "¿Qué se hace a la hora de morir?" Seguramente Castellanos no tuvo tiempo de pensarlo, ya que fue electrocutada al enchufar una lámpara en Tel Aviv. Después de empezar el poema con un *parergon* (el epígrafe), Meneses medita sobre los *parerga* de la vida. Según Immanuel Kant, los *parerga* son las cosas asociadas con una obra de arte que no son parte de su significado intrínseco: e.g. el marco de un cuadro, la portada de un libro son parte del objeto de arte pero son subsidiarios. Sirven para enfocar, llamar la atención, comunicar con el exterior [Collins & Maybin 141]. El *parergon* delimita la obra de arte y sirve de vía de comunicación entre el interior y el exterior de la obra, creándolo y destruyéndolo. También esfuma las fronteras de la obra [Collins & Maybin 142]. Toda crítica es también *parergonal*, ya que es exterior a la obra, pero llama la atención y encuadra la interpretación del público [Collins & Maybin 143]. Tanto el título como su ubicación y temática fortalecen la naturaleza *parergonal* del poema. Es una estrategia significante ya que coincide con la esquizofrenia crítica necesaria para vencer las estructuras paranoicas del poder.

La muerte, por su naturaleza inmutable e implacable, se puede considerar como la *grande narrative* paranoica por excelencia. Nadie la vence por confrontación directa. Hay que someterla a un escrutinio intenso para entenderla y hacer el esfuerzo de descubrir sus contradicciones. En su ensayo, Meneses descubre los *parerga* entre la vida y la muerte: los sonidos del fondo que borramos de la existencia diaria –los dedos de la muerte que entran a frecuentar nuestra vida.

> nos llegan a los oídos los ruidos cotidianos del hogar.
> El clic del vaivén del lampazo.
> El estrujante voltear de las páginas del diario
> que lee tu pareja o el pariente cercano.
> El timbre del teléfono anunciando una llamada
> que ya perdió su sentido.
> El chorro de agua del lavatrastos
> un perro ladrando al paso del desconocido.
> La cortina levantada por el viento
> que toca con dedos invisibles
> el cedazo de las ventanas.

Están enumerados en un inventario rígido y paranoico, ya que no pertenecen a este mundo. A la hora de la muerte acudimos a la *estereo-realidad* que marca el puente entre la vida y la muerte.

> Ruidos que preceden al gran silencio
> umbral de la reconciliación consigo misma
> cielo o infierno
> --recuperación o pérdida
> acaso definida, de la esencia de ser?

Es una pregunta importante, pero sólo sabremos la respuesta en la hora de la muerte. Tenemos que seguir preguntando, aún si no hay respuestas, para formar nuestro propio cuadro ideario que lleva a nuestro futuro en vez de un futuro impuesto desde afuera. Tenemos que seguir explorando los *parerga* de la vida, de la sociedad y la cultura para descubrir nuevas armas culturales.

Los poemas de Meneses demuestran que los universales del amor, la justicia, la democracia verdadera, la cultura autóctona y legítima nunca mueren. Siempre habrá una voz que valoriza y defiende lo popular contra los intereses homogeneizantes. Su poesía rescata la experiencia personal, la historia local, la tradición regional de resistencia y el folclor único. Sirve para sonsacar el funcionamiento del globalismo, los efectos de la tecnología desenfrenada y nómada, las maquinaciones del neoliberalismo, la lógica popoloca y chueca del posmodernismo y la imposición de la incultura global regida por el mercado. Al recuperar la historia y rescatar el presente, encuadra un futuro basado en valores locales. Sus versos acuden a toda la gracia y la sabiduría de una mujer que ha viajado y experimentado el mundo.

Obras consultadas
_____

* Armitage, John. "The Kosovo War Took Place in Orbital Space" [10pp] (en línea) www.theory.net

* Brennan, Teresa. "Why the Time is Out of Joint: Marx's Political Economy without the Subject." *South Atlantic Quarterly* 97:2 (Spring 1998): 263-80.

* Brigham, Linda. "Transpolitical Technology and the Hope of Language: Virilio and Habermas." *SPEED* (en línea) 13 September 1995 [9pp] www.proxy.arts

* Buchanan, Ian. *Deleuzism: A Metacommentary.* Durham: Duke, 2000.

* Casati, Roberto. *The Shadow Club.* New York: Knopf, 2003.

* Certeau, Michel de. *Heterologies: Discourse on the Other.* Minneapolis: U Minnesota P, 1989.

* Collins, Jeff & Bill Maybin. *Introducing Derrida.* Duxford UK: Icon, 2000.

* Deleuze, Gilles. Kant's *Critical Philosophy.* Minneapolis: U Minnesota P, 1984. ------ & Félix Guattari. *A Thousand Plateaus.* Minneapolis: U Minnesota P, 2002.

* Docherty, Thomas ed. *Postmodernism.* NY: Columbia, 1993.

* Dufresne, David. "Virilio –Cyberspace Fighter: An Interview with Paul Virilio" *Après Coup* (3pp) (en línea) www.apres-coup.org

* Guillén, Nicolás. *Nueva antología*, 2a ed. México: Mexicanos Unidos, 1981.

* Hopenhayn, Martín. "Postmodernism and Neoliberalism in Latin America." *Boundary* 2 20: 3 (Fall 1993) 93-109.

* Jameson, Fredric. *Modernism.* Durham: Duke UP, 1999.

* Mattelart, Armand. *Historia de la utopía planetaria.* Barcelona: Paidós, 2000.

* Meneses, Vidaluz. *Todo es igual y distinto.* Managua: CNE, 2002.

* *Pequeño Larousse.* París: Larousse, 1976.

* Readings, Bill. *Introducing Lyotard.* London: Routledge, 1991.

* Rigby, Carlos. "Si yo fuera mayo". *Volcán.* San Francisco: City Lights, 1983: 101-05.

* Sardar, Ziauddin & Boris van Loon. *Introducing Cultural Studies.* Duxford UK: Icon, 1999.

* Virilio, Paul. *Speed and Politics.* New York: Semiotext(e), 1986.
------ "La velocità assoluta". 5 IX 1995 (en línea) www.mediamente.rai.it
------ "*Immagini del pensiero*" *L'integralismo tecnologico* (7 VI 1997) (en línea) www.emsf.rai.it
------ *The Virilio Reader.* Ed. James Der Derian. Oxford: Blackwell, 1998.
------ "Il futuro nello spazio *stereoreale*" (1999) (en línea) www.mediamente.rai.it
------ "The Art of the Motor." 133-56 (s.f.) (en línea) www.stanford.edu/dept/HPS/Virilio [s.f.]

Escribir para vivir: El verso existencialista de Conny Palacios

La poesía de Conny Palacios es un profundo viaje emocionante que le lleva al lector a la alegría, a la desesperación, a la traición y a la fe. Es precisa en su técnica y siempre acierta en su puntería. Sus versos demuestran la influencia de los poetas maestros de los siglos diecinueve y veinte. Su combinación de emoción y brillantez técnica recuerda a Octavio Paz, Pablo Antonio Cuadra, Ana Ajmátova, Irina Tsvetaeva y Czeslaw Milosz.

Sus primeros dos poemarios, *Exorcismo del absurdo* y *Percepción fractal* [1999 A, B] aparecieron como secciones de un solo libro. Como explica la breve narrativa "Lo que Homero no cantó" [1999B: 26-27], los dos libros están informados por la añoranza de Calipso por Ulises cuando la dejó abandonada. Son poemas con una belleza extraordinaria y de una sencillez directa y engañadora. Anuncian una brillantez, sin embargo, que zozobra.

> . . . . Después de la partida de Ulises recorrí enloquecida mi isla, interrogando a los astros, increpando a los dioses por la crueldad de mi sino, pero no obtuve respuesta. Y yo obsesa por tanta angustia, decidí buscarlo en las islas cercanas para ofrecerlo la inmortalidad si se quedaba conmigo. Así pues un día, arribé a su playa empujada por los vientos, con los pies descalzos, con mi vestido de algas, con mi canasta rebosante de poesía y un hondo naufragio detenido en mis pupilas. ... El resto ya lo saben. [1999B: 26-7].

Aquí es preciso notar que la llegada de Ulises transformó a Calipso, en términos existencialistas, de un ser *en-sí* (un objeto) en un ser *para-sí* (un ser consciente). En su isla había un ritmo eterno y divino de tejer y cocinar. No existía ni la agricultura ni la procreación, ya que no había hombres. Tampoco existía el cambio social ni la cultura, sólo la naturaleza; era una utopía [Foley 94]. Como no vivía en el tiempo, Calipso carecía de consciencia humana hasta la llegada de Ulises. Y fue él quien le despertó el deseo, ese hueco de la nada que hay que llenar con su propia carne [Sartre 1999: 84]; el motor universal de la creación y la creación de lo deseable [Sartre 1995: 53]. Calipso, como diosa, era demasiado perfecta. No era una bruja de los cuentos de hadas (*Märchen-Mädchen*) como Circe, sino completamente benéfica [Austin 78]. Y en esto estaba su tragedia. Su inocencia era su *harmatía,* su falla mortal, de acuerdo a las normas de la tragedia griega. Los inocentes demuestran la posibilidad de evitar o ignorar cualquier conexión con el mundo; sobre todo, las responsabilidades y las "feas realidades" de este mundo [Sartre 1995: 53-4].

Su poder transformador convirtió a Ulises en un hombre con pleno control de su mente. Ya no tenía que estar a la defensiva contra los monstruos como Polifemo. La palabra, en vez de ser una arma contra sus enemigos, se trocó en un medio de comunicación entre dos seres, para intercambiar los pensamientos. Con Calipso, Ulises logró una armonía sicológica [Austin 78]. Ulises, sin embargo, rechazó la utopía, al llegar a la conclusión de que su hijo Telémaco nunca alcanzaría ni la madurez ni su patrimonio, sin la presencia de su padre [Foley 95]. Calipso, nombre que viene de *kaluptes* "la que esconde", no lo pudo esconder de su naturaleza humana [Segal 33]. Esconde en el sentido de estar velada (o **núbil**, de nube), como una novia inocente.

Ulises rechazó la inmortalidad y el ciclo sin fin de placer que le ofreció Calipso, por ser una monotonía que equivalía a la muerte [Lord 98]. No le bastaba la seguridad y la satisfacción del olvido; su meta era *kleos* "el reconocimiento" [Dommock 107].

Ei mén k' aûthi méno:n Tró:o:n polis amphimákho:mai
ó:leto mén moi nóstos, atàr kléos áphthiton estai
ei dé ken oíkad' híko:mai phíle:n es patrída gaîan,
ó:letó moi kléos esthlón, epí de:ròn dé moi aiò:n
éssetai, oudé ké m' ó:ka télos thanátoio kikheín
[Ilíade IX 412-16 cit. Nagy 123]

> Si quedo acá y lucho en el sitio de los troyanos
> mi regreso a la patria está destruido, pero mi fama
> > nunca morirá
> pero si regreso a la tierra amada de mis antepasados,
> entonces mi fama genuina estará destruida,
> > pero tendré una vida larga,
> y mi final en la muerte no me alcanzará rápido.

Con esta actitud, Ulises se manifestó inauténtico; demostró la *mauvaise foi* (la mala fe) por haberse sometido a la voluntad de los demás, en vez de ejercer su voluntad propia; y, por supuesto, por no aprovecharse de la libertad. De este modo, Ulises es una especie de cobarde o hipócrita, quien busca esconder su libertad de sí mismo, a través de invocar el destino y la gloria. Nuestras vidas no dependen de un destino a priori, sino que son contingentes [Sartre 1999: 46]. La vida auténtica consiste en **estar** (*para-sí*), no en **ser** (*en-sí*).

Calipso, una diosa que no envejecía, que no procreaba, que no conocía la humanidad ni la auto-consciencia, se humanizó con la llegada de Ulises. Pero también fue castigada por ser una agente civilizadora, al igual que Prometeo y Eva. Fue liberada de su existencia de ser *en-sí*, pero no hay escape de la libertad. Como indica Sartre, es un *huis clos*, un callejón sin salida. Ulises catalizó a Calipso, pero su nostalgia lo deshumanizó a sí mismo. Ulises buscaba el dominio, el poder, el patriarcado y el tiempo sobre el amor, la *stasis*, la dependencia y la inmortalidad. Calipso le enseñó a Ulises a dialogar, pero Ulises lo convirtió en una dialéctica para escapar. Para Ulises, Ogigia, la isla de Calipso, congelaba el espacio y el tiempo. Pasaron años, pero nada cambiaba. Para él, su esposa Penélope era un fantasma del pasado que usurpaba el futuro hacia el tiempo épico, mediatizándolo como un pasado revivido. De nuevo, Ulises demostró su falta de autenticidad por vivir *pour-les-autres (para-otros)*.

Según la *Odisea*, Ulises quería salir "porque la ninfa ya no le deleitaba" [V: 153 cit. Stanford 252 n10]. Sin embargo, se acostaba con ella todas las noches "sin voluntad y por la fuerza" [Stanford 49], o sea en un acto de ironía, de mala fe o de hipocresía. Calipso nunca expresó amargura o ira, sólo desdén cuando Ulises rechazó su oferta de la inmortalidad. Sólo se enojó con los dioses de Olimpo por su envidia y su maldad ,cuando le mandaron soltar a Ulises. Le recordó que su vida sería mucho mejor con ella en Ogigia que con Penélope en Itaca [Stanford 49]; quizás lo hizo en un presagio de los poemas narrativos de Dante Alighieri, Giovanni Pascoli y Nikos Kazantzakis –los que muestran a un Ulises tan aburrido con su patria que la abandona en búsqueda de nuevas aventuras. Parece que sabía que tarde o temprano, regresaría. *Ultimo viaggio*, de Pascoli, es la obra más relevante, ya que después de 10 años de aburrimiento con Penélope, Ulises trató de regresar a Ogigia; pero naufragó en el arrecife de las Sirenas y llegó a Ogigia muerto:

alla Nasconditrice solitaria,
all'isola deserta che frondeggia
nell'ombelico dell'eterno mare
....
ed ella avvolse l'uomo nella nube dei suoi capelli;
                                  ed ululò sul flutto
sterile, dove non l'udia nessuno.
-Non esser mai! non esser mai! più nulla,
ma meno morte, che non esser più!- [Stanford 207]

a la Escondadora solitaria,
a la isla desierta que resalta
del ombligo del eterno mar
....
y ella envolvió al hombre en la nube de sus cabellos;
                                  y ululó sobre la marea
estéril, donde no la oía nadie.
-¡Qué no fuera nunca! Qué no fuera nunca! nada más,
pero menos muerto, ¡qué no fuera más!

Para Calipso, el mejor destino del hombre es la aniquilación [Stanford 207].

La voz de Calipso canta de un amor que desgarra, dejando el alma en pedazos. Como Prometeo sufrió el castigo de tener el hígado devorado por un águila diariamente, por haber traído el fuego a los hombres, en "Vivo" [1999A: 11] Calipso tiene que pagar por haberle entregado el amor a Ulises. En vez de un águila, Calipso espera un zopilote, el que come carroña y putrefacción, asociado con los deshechos, en vez de la gloria. Su corazón está muerto.

VIVO...
en espera del buitre
que en abrazo espasmódico
picoteará mi corazón.

Vivir es sufrir y, en este poema, Calipso sufre en mayúscula. En vez de labios y manos, recibe picotazos y garras. Es, a la vez, una expresión de náusea; la correspondencia física del *cogito* [Warnock 98]. Todas las emociones y todos los sentimientos son modos de aprehensión del mundo. [Warnock 99]. El contacto con lo corporal es ambiguo y viscoso (*visqueux*). La viscosidad es símbolo de un anti-valor de todo lo que aborrecemos y de lo que no podemos escapar. Produce náusea [Warnock 104]. Como parodia de Descartes, el existencialista diría "*vomito ergo sum*" ("vomito luego soy").

"I", un poema que sólo lleva un número que indica su primacía tanto como su soledad, comienza con un epígrafe de José Ortega y Gasset, "Más, la realidad es un simple y pavoroso 'estar ahí'". Así que este patrón existencialista arraigado en *dasein,* sirve de aviso para informar los dos volúmenes:

La realidad
es un vacío
que me aterra.
Sus ásperas columnas
son sombras movedizas.

La realidad
tiene un rostro informe
de multitud
y
sus clavos
laceran
mis entrañas.

El vacío que menciona consiste en el deseo, el que nunca se llenará. Lo contrasta con imágenes de la multitud, un recuerdo de que vivimos en un mundo de sufrimiento y soledad que nos azota a todas horas, como el zopilote del poema anterior. El Dasein, (del alemán *Daß-sein* "(lo) que está" o *Da-sein* "estar ahí", como se sabe, es "la presencia en el mundo" (*Anwesenheit*) que está consciente de sí y busca sus orígenes. Por tanto, se opone al *was-sein* "(lo) que es" o la simple existencia [Heidegger 1992: 48-9]. Por lo hondo de su sufrimiento y la sinestesia entre el dolor síquico y físico, el poema nos recuerda "Lo inefable" de Delmira Agustini. Como indica Jean-Paul Sartre, como seres conscientes vivimos *para-sí (pour-soi)* [Warnock 42]. El ser para-sí (*pour-soi*) tiene una laguna: le hace falta algo para llenarla (o completarse). La consciencia es un vacío u oquedad, una laguna entre el pensamiento y el objeto del pensamiento. La laguna consiste en la libertad --el poder de afirmar lo verídico o negar lo falso del objeto; lo que es la esencia de la consciencia [Warnock 43]. Esta laguna en el corazón de la consciencia es una falta de posibilidades cumplidas y siempre quedará insatisfecha, mientras un ser tenga consciencia [Warnock 45]. Señala Martin Heidegger que «sólo en los momentos de terror y en la certidumbre de la muerte podemos darnos cuenta de que vivir auténticamente y ser vienen de reconocer nuestra inautenticidad» [Thody & Read 60]. Al confrontar la angustia que es fruto de su propia libertad, Calipso demuestra una valentía poco común [Warnock 51].

Poemas como "Tu llamado" [1999A: 16] exploran la embriaguez del amor, la transformación serpentina, la rendición por completo a un estado más básico:

> Y mis oídos se afinan
> mis manos se adelgazan,
> el corazón enmudece.
> Y espero ...
> sobre mí,
> tu sombra proyectándose.

El amor es una fusión, o más bien fundición, de seres, como se ve en "Cuando nuestras miradas se funden" [1999A: 32]:

> el ángel tutelar del cosmos
> ... ...
> nos guía por caminos de silencio,
> y nos adhiere su luz y transparencia.

Con el amor, dejamos de vivir «*para-sí*» y comenzamos a vivir *para-otros (pour-les-autres)*. Sacrificamos nuestra voluntad, por la de los otros. Hacemos todos los cambios necesarios para mantener ese amor. Subordinamos nuestros órganos de sensación a la palabra del otro.

> De este modo, el otro se hace un mediador indispensable entre el mundo y yo. Mi apariencia ante el otro me da vergüenza. Para el otro soy un *ser en-sí*; para mí mismo, soy un *ser para-sí*. Estos aspectos combinan para formar un *ser para-otros* [Sartre cit. Warnock 66].
>
> Mi cuerpo es mi contacto con el mundo. Constituye mi contingencia. . . . El cuerpo no es una pantalla entre nosotros y las cosas, manifiesta sólo la individualidad y la contingencia de nuestra relación a las cosas instrumentales [Sartre cit. Warnock 81].

En el amor se encarna la totalidad del *ser para-otros,*

> El amor es un conflicto. La libertad del otro es la fundación de mi ser. Pero como existo a través de la libertad del otro, carezco de seguridad. Estoy en peligro en esta libertad. Moldea mi ser y me hace ser, me otorga valores y me los quita; y mi ser recibe de ella un escape pasivo y perpetuo de sí mismo. Irresponsable y fuera del alcance, esta libertad proteica en la que me he metido me puede enfrentar en mil maneras distintas de ser. Mi proyecto de recuperar mi ser sólo se puede realizar si tomo esta libertad, y si la reduzco a una libertad sujeta a mi libertad. [Sartre cit. Warnock 84].
>
> ¿Por qué quisiera expropiar al otro, si no fuera preciso que el otro me hace ser? Pero esto implica precisamente un cierto modo de apropiación: es la libertad del otro como tal, que queremos tomar [Sartre cit. Warnock 85].
>
> El amante no desea poseer a la amada como se posee una cosa; demanda un tipo especial de apropiación. Quiere poseer la libertad como libertad. Por el otro lado, el amante no se satisface con la forma superior de la libertad que es un enfrentamiento libre y voluntario [Sartre cit. Warnock 85].

Esta lucha en la que abarcan los amantes, cada uno para poseer la libertad de la otra parte; y a la vez ser libremente amado, es, por supuesto, sin esperanzas [Warnock 85]. Esto se basa en la idea contradictoria de que uno puede ser libre y esclavo a la misma vez

[Warnock 86]. Y puede llegar a tres distintos patrones de comportamiento: el masoquismo, la indiferencia, el sadismo [Warnock 86].

Después de un amor tan cálido, la separación es abismal. "Mi desolación" [1999A: 46]: y "Tu ausencia" [1999A: 47] son poemas gemelos que atestiguan el carácter épico de su amor. El primero enseña que mientras el amor es breve, la añoranza es eterna:

y en la pira del dolor
mis sueños atados,
arden
sin consumirse.

Una vez abierta, el hueco que es el deseo nunca cerrará. Seguirá castigada hasta la muerte o hasta que llegue un héroe para liberarla. Como la salamandra mítica, las llamas no la matan, sólo sirven para bañarla en pasión. El verbo "arden" aparece solo para enfatizar este hecho.

En el último de estos poemas contemplamos el ciclo de la luna como hoz desgarradora y espejo burlón del amor perdido. Para toda mujer, el ciclo de la luna termina en sangre. Su luz es un vigil frío y estéril que acecha a los vivos. Su patrona, Artemisa o Diana, es una cazadora casta, enemiga de la procreación.

Tu ausencia
es
presencia rota,
crespúsculo que se desgaja,
luna que se consolida.

El aislamiento de "es" enfatiza la equivalencia entre "ausencia" y "presencia", conceptos normalmente en oposición, pero aquí formando una dialéctica que termina en síntesis en la forma de una cicatriz síquica.

Percepción fractal sigue la misma pauta apasionante de *Exorcismo del absurdo*; pero agrega un tono más filosófico que empieza con el primer poema, el *ars poética* "Escribo versos" [1999B: 9]. El hecho de sufrir nos recuerda que estamos vivos. Enfrentar lo doloroso de la libertad es un acto de autenticidad. El uso de paralelismo bíblico resuena como una campana.

Escribo versos...
Para eternizar los momentos
que le dan cuerpo a la vida,
aquéllos que nos queman,
aquéllos que nos hieren.

"Para enhebrar versos" [1999B: 11] nos enseña que lo existencial es objetivista, que uno puede ver con el corazón; y así, dejar un récord de lo observado. Consciente de su autenticidad, Calipso puede mirarse en el espejo y ver su pureza, en sus propios ojos. Hay una gloria en enfrentar la verdad, aceptar la libertad contingente en vez de renegarla, enmascararla y huir. La que sigue su propio camino es más heroica que el protagonista épico que se subordina a lo que dirán, sea en la boca de los chismosos o en las páginas de Homero.

Me es suficiente
entrar descalza
al corazón de mi pupila.
Silencioso templo donde invoco
el resplandor dorado,
que un día
vi temblar
en la ingrimitud
del paisaje blanco.

La única cura de tanto sufrimiento es el descanso eterno, como vemos en "Caronte, amigo" [1999B: 80]:

Caronte, amigo,
estoy cansada...
de tanto sostener la tierra
con la yema de mis dedos,
... ...
Estoy presta...
Ven con tus remeros...
Quiero cruzar el ancho río...

Caronte representa el único escape del callejón sin salida que es la libertad sufriente de la existencia. La única cura de la *ale:theia* (la verdad o des-cubrimiento) es el Lethe, el río del olvido o cubrimiento donde se bañan las almas de los difuntos. Calipso, en *Ultimo viaggio* de Pascoli, ya había declarado que este escape es el mejor destino del hombre. La libertad está estrictamente identificada con la aniquilación. El único ser libre es el que se aniquila [Sartre 1999: 65]. En eso, Calipso se mostró más auténtica que Ulises. Quiso cumplir su deseo hasta el final, en vez de someterse a una voluntad ajena ni volver a su estado anterior de vivir *en-sí*. La única libertad es la que está consciente de sí misma como libre de cualquier suposición. La libertad no está ligada a ningún principio de identidad [Sartre 1995: 16].

Estos volúmenes gemelos de Palacios forman una investigación de la condición humana de acuerdo a la existencialista, una apocalipsis en su sentido original de *apo-kalupsis* "des-velación, re-velación", tomando en cuenta de que Calipso en griego significa "la velada, la que envela". Su introducción a la humanidad y siguiente transformación de *en-sí* a *para-sí* le quita la vela de inocencia. Es un proceso de *ale:theia* "verdad por des-cubrimiento" y *homoio:mata* "aproximación" [Heidegger 1992: 401], o *muthos* "la palabra indicada que arrasa y hace aparecer en una epifanía" [Heidegger 1968: 10], que nos hace sentir la angustia de la ninfa. Esta re-velación a través de la mente --el agujero que deja entrar la verdad [Ortega y Gasset 22], nos hace extrañar la vela de inocencia y temer la verdad. Como indicó un poeta japonés:

.露の世は得心ながらさりながら

tsuyu no yo wa
tokushin nagara
sari nagara

Un mundo de neblina
no es más que un mundo de neblina
y todavía . . . . [Isa cit. Ortega y Gasset 252].

Obras consultadas
_____

* Austin, Norman. "The Power of the Word." Bloom 1988: 69-86.

* Bloom, Harold. *The Anxiety of Influence.* Oxford: Oxford UP, 1973.
------ ed. *Homer's The Iliad.* New York: Chelsea House, 1987.
------ ed. *The Odyssey.* New York: Chelsea House, 1988.
------ ed. *Odysseus/Ulysses.* New York: Chelsea House, 1991.
------ ed. *Jean-Paul Sartre.* New York: Chelsea House, 2001.

* Deleuze, Gilles & Félix Guattari. *What is Philosophy?* New York: Columbia UP, 1994.
------ *Anti-Oedipus.* Minneapolis: U Minnesota P, 1983.
------ *A Thousand Plateaus.* Minneapolis: U Minnesota P, 1987.

* Dommock Jr., G. E. "The name of Odysseus." Bloom 1991: 102-117

* Edgar, Andrew. "Jean-Paul Sartre." Andrew Edgar & Peter Sedgwick, eds. *Cultural Theory: the Key Thinkers.* London: Routledge, 2002: 206-08.

* Espinoza Gutiérrez, Lesbia. "La poesía de Conny Palacios." *El Nuevo Diario* [Managua] 6 agosto 2001 [en línea].

* Foley, Helene P. "Reverse Similes and Sex Roles in the Odyssey." Bloom 1988: 87-102.

* Heidegger, Martin. *What is Called Thinking.* New York: Harper, 1968.
------ *Basic Writings.* New York: Harper, 1992.

* Lord, George de F. "The Odyssey and the Western World." Bloom 1991: 89-102.

* Nagy, Gregory. *Greek Mythology and Poetics.* Ithaca: Cornell UP, 1990.

* Ortega y Gasset, José. *What is Philosophy?* New York: Norton, 1964.

* Palacios, Conny. *Exorcismo del absurdo.* Managua: PAVSA, 1999A.
------ *Percepción fractal.* Managua: PAVSA, 1999B.
------ *Radiografía del silencio.* Madrid: Torremozas, 2002.

* Rutherford, R. B. "The Philosophy of the Odyssey." Bloom 1991: 249-272.

* Sartre, Jean-Paul. *Truth and Existence.* Chicago: U Chicago P, 1995.
------ *Existentialism and Human Emotions.* Secaucus NJ: Carol, 1999.

* Segal, Charles Paul. "Notes on Odysseus." Bloom 1991: 33-36.

* Stanford, W. B. *The Ulysses Theme,* 2nd ed. Ann Arbor: U Michigan P, 1985.

* Thody, Philip and Howard Read. *Introducing Sartre.* Duxford UK: Icon, 2001.

* Warnock, Mary. *The Philosophy of Sartre.* London: Hutchinson, 1966.

La recuperación de la historia en *Río de sangre será mi nombre* de Helena Ramos

Con la caída del sistema soviético, Francis Fukuyama y los demás intelectuales neo-liberales declararon el fin de la historia. Desde entonces, vivimos en el *New World Order:* una plena utopía democrática liberal. Así, por lo menos, es la versión oficial y omnipresente en los medios de comunicación. Si la historia es dialéctica, ¿cómo se puede hacerla sin antítesis? Si no existe ninguna oposición ideológica, ¿será posible que el capitalismo haya resuelto los problemas de la humanidad?

Helena Ramos diría que no. A pesar de las afirmaciones de los profetas de Wall Street, los beneficios del capitalismo no han llegado a todo el mundo, ni siquiera en los EEUU –donde más de 40 millones viven en la pobreza. Su libro, *Río de sangre será mi nombre,* es, por tanto, un testimonio de que la historia está viva –nutrida, como siempre, de la sangre de los hacedores, los *poietai*, de la historia. El río, como se sabe, es símbolo poemático de la vida y la historia vital desde los días de Jorge Manrique. Por sonsiguiente, es una historia vital que demuestra que la antítesis perdura a la ideología hegemónica.

El poemario está dividido en cinco secciones: "Halomancia", "Estrellas fijas", "Desolvidándose", "Río de sangre será mi nombre" y "Todos hieren". El número cinco puede representar las cinco heridas de Cristo o las direcciones de los indígenas mesoamericanos: norte, sur, este, oeste y centro. Las secciones se distinguen en cuanto a su estilo y poética. La "Halomancia" es la adivinación, a través, de los halos o de la sal (del griego *halos* "sal") de los desdichados. Consiste en poemas cortos, de versos desequilibrados y cortantes. Las "Estrellas fijas" son las que guían, como la estrella polar o las astrológicas --opuestas a los planetas, cometas y meteoros. La mayoría de los poemas son más largos que los de la primera sección. "Desolvidándose" nos recuerda que nuestro tiempo no es único –tenemos un pasado y un futuro, a pesar de los profetas del fin de la historia. Nuestra salvación está en acudir a esta realidad. Consiste en dos largos poemas conversacionales y objetivistas. "Río de sangre será mi nombre" es un desafío a recuperar la historia. Consiste, sobre todo, en epigramas y poemas cortos que le llaman al lector a abandonar la soledad a través de la historia. "Todas hieren" es la primera parte de un aviso que aparece en los relojes de sol, usualmente en latín como *omnes feriunt* o *vulnerant omnes*, en referencia a las horas. La segunda parte es "la última mata" o, en latín, *ultima necat* –usado como título por Manuel Gutiérrez Nájera. Los poemas de esta última sección excavan el pasado por acudir a estilos de antaño --son más esteticistas en su lenguaje y recuerdan el acmeísmo de San Petersburgo, capital cultural de Rusia, su tierra natal.

El primer poema del libro, "No tengo" [13], demuestra la oquedad del triunfalismo burgués. Por su título y su contenido se puede considerar como correspondiente, en forma de *prequel*, a "Tengo" de Nicolás Guillén, poema titular de un volumen que celebra el triunfo de la revolución cubana –como síntesis de la lucha histórica. La relación, por supuesto, es dialéctica y es una de *tesis* (la negación triunfalista del liberalismo --Fukuyama), *antítesis* (la reafirmación de la historia --Ramos), *síntesis* (el triunfo revolucionario --Guillén).

El poema plantea la antítesis a la fantasía utópica del fin de la historia: "Y yo que nada tengo". Sigue con el grito, "Nada". Tartamudea "Solamente mi fe... Solamente mi fe. Solamente mi fe torturada..."; repeticiones que se encarnan en "la huella de sangre / --mi sangre". El tartamudeo puede funcionar como *Verfremdung* u *ostranenie* –el extrañamiento y la desfamiliarización de un ambiente. Defamiliariza la relación entre lo clínico y lo potencialmente crítico, mostrando la ignorancia habitual del uno hacia el otro como arbitraria [Jameson cit. Ian Buchanan: 112]. La repetición puede indicar un estancamiento temporal, una eternidad o una serie de fracasos. Cada triunfo es fruto de las utopías fracasadas de antaño. Por lo general, la utopía es paradigmática (de tendencia vertical, trascendente, jerárquica e impuesta) y la nomadología es sintagmática (de tendencia horizontal, inmanente, egalitaria y libertaria). Pero nos cabe recordar que el *Erewhon* de Samuel Butler es un anagrama de *no-where* ("por ningún lado", es decir, *u-topos*), pero también de *now-here*; ("ahora y aquí", es decir, *hic et nunc*). Por tanto, hay que distinguir entre las utopías de la trascendencia y las utopías libertarias revolucionarias de la inmanencia [Deleuze & Guattari 1992: 100]. El fracaso de la utopía regresa más, intensivamente, a lo real. Es inmanente ya que es un fracaso que nunca llega más allá del dominio del pensamiento [Fredric Jameson cit. Ian Buchanan 166].

> Los momentos de lo nuevo son precisamente los de la eternidad en el tiempo. La emergencia de lo nuevo ocurre cuando una obra vence su contexto histórico. Por el otro lado –si hay una imagen verdadera de la inmobilidad ontológica fundamental, es la imagen evolucionaria del universo como una red compleja de transformaciones sin fin y desarrollos en los *que plus que ça change, plus ça reste le même*. . . . El desarrollo creativo (*becoming*) es correlativo al concepto de la repetición. Algo nuevo sólo puede emerger a través de la repetición. La repetición no repite la manera que el pasado *efectivamente fue* sino la virtualidad inherente al pasado –la que fue traicionada por su realización anterior. La emergencia de lo nuevo no cambia retroactivamente el pasado real sino, el equilibrio entre la realidad y la virtualidad en el pasado [Zizek 2004: 11-2].

En este primer poema, después de varios ensayos fracasados, la utopía revolucionaria se encarna en la sangre de la narradora que se destella contra "la desierta blancura de yeso" (una tábula rasa) –el verbo está hecho carne.

> Solamente mi fe torturada
> que dejó en la blanca pared
> --la desierta blancura de yeso—
> la huella de sangre
> --mi sangre--

Este contraste entre *hic* (mi posición) e *illac* (la posición del otro) es una percepción *lacunaria* que ve al otro simultáneamente como un reflejo y una laguna –una zona prohibida en nuestra experiencia [Merleau-Ponty 42].

> Cuando me doy cuenta del comportamiento del otro, mi cuerpo se hace el medio de entenderlo, mi corporalidad se hace un poder entendedor de la corporalidad del otro –recupero el último significado (*Zwercksinn*) de su comportamiento, porque mi cuerpo es capaz de realizar las mismas metas. En aquel instante interviene el *estilo* [Merleau-Ponty 42].

La utopía revolucionaria, sin embargo, no es espacial: consiste en un momento de conscientización, es una epifanía. Por tanto, hay que luchar con las manos para efectuar el cambio.

"La gran huelga" [14-5] demuestra la importancia de la *picnolepsia* (una serie muy breve de eventos caóticos) como fuerza histórica, de acuerdo con la teoría de *Punk Eek* (equilibrio puntuado), la que postula la evolución como una alternación entre largos períodos de equilibrio y eventos abruptos. Semejante al colapso a la función de una onda cuántica que ocurre en el momento de intenso escrutinio y que define la identidad y el futuro del objeto observado [Dozier 11], el acto de señalar las contradicciones sociales puede efectuar un colapso de las realidades existentes. Siempre hay una tensión debajo del equilibrio que crece hasta producir un *estado crítico* –una especie de organización autocatalíptica que se desarrolla a través del caos [Mark Buchanan 16, 23]. Por tanto, "La rutina es el prefacio de la revolución" [Emile de Girardin cit. Klein 87]. Así que las posibilidades colapsan en realidades [Dozier 196]. Para Slavoj Zizek, el gran error de Fukuyama no está en declarar el "fin de la historia" sino en no darse cuenta de que la historia opera a través de las rupturas [Zizek 2001: 111]. De esta manera, el posmodernismo se ve como un milenarismo invertido que reemplaza las premoniciones de catástrofe con una declaración del fin de épocas –una *coupure* o ruptura radical [Jameson 1999: 62], un proyecto anti-utópico [Jameson 1999: 159]. Antonio Gramsci, de cierta manera, había previsto eso con su distinción entre las ideologías tradicionales hegemónicas y las orgánicas revolucionarias.

La poética de "La gran huelga" es bastante picnoléptica en que la mayoría de los versos son de entre 5 y 7 sílabas pero casi todas las estrofas están puntuadas por un verso corto de 2 ó 3 sílabas: "creía", "brotaron", "amarga", "de sangre", "gritó", "rabia". Produce un efecto de desequilibrio. De acuerdo a su función nomadológica y libertaria, no existe un cuento fijo de sílabas, sino versos anisosilábicos. El mensaje comienza con una declaración de lo cotidiano de la ciudad de Managua --puntuada por una ruptura:

Creía
Conocerla.
A veces, la maldije
por fea y cochina,

pero en esos días
brotaron
rasgos vivos
en sucios solares.

Vemos lo revolucionario en el sentido social tanto como semántico. El levantamiento empezó en los tugurios de "sucios solares" (un oxímoro entre lo oscuro y la luz), pero agarra fuerza en forma dialéctica gracias a las contradicciones, las paradojas, los oxímoros y las antinomias: "rasgos vivos", "la beldad / amarga", "tinieblas / consteladas", "la bravía / rabia / de negarse a sí misma". En la antinomia dos líneas opuestas de razonamiento sirven de respuestas –la cumbre de la dialéctica [Klein 20]. "Siempre hacen falta dos ideas: una para matar a la otra" [Georges Braque cit. Klein 22]. La paradoja está fuera de fase, contigua, diferente al juego aceptado de opiniones [Klein 15]. Sin las paradojas, la teoría establecida sería absoluta, estancada, definitiva; no habría nuevas ideas o progreso [Klein 28]. "La paradoja es la pasión del pensamiento. Un pensador sin paradojas es como un amante sin pasión" [Kierkegaard cit. Klein 32]. La combinación del desequilibrio y la paradoja produce una sensación de velocidad y violencia en la que la mobilidad de un *ahora* usurpa la *stasis* del presente [Klein 187]. Como indicó Paul Virilio: la *stasis* es la muerte [Virilio 1986: 67]. La calle es un territorio político, la militancia es movimiento –dromología: "Quien controla la calle se apodera del estado" [Goebbels cit. Virilio 1986: 4]. Las riendas del poder fabrican un motor, un productor revolucionario de la velocidad [Virilio 1986: 3]. El peligro es que la velocidad y la nomadología pueden apoderar al revolucionario o ser apropiados por el capitalismo. Hablando de Virilio, Luisa Futoransky declara que:

> A velocidade é a palavra chave do seu pensamento, a riqueza da pósmodernidade, o capital das sociedades modernas. A realidade não é mais definida em termos de espaço e tempo, mas num mundo virtual, onde a tecnologia permite o paradoxo de estar em todo o lado e não estar parte nenhuma [Futoransky 1/9].

La velocidad es la palabra clave de su pensamiento, la riqueza del posmodernismo, el capital de las sociedades modernas. La realidad sólo está definida en términos del espacio y del tiempo; pero en el mundo virtual la tecnología permite la paradoja de estar en todos lados y no estar en ninguno.

A pesar de que la tesis de Fukuyama fue rechazada por falta de mérito, todavía existe la idea de que el orden capitalista democrático liberal es la cumbre de la naturaleza. Todavía se ven los conflictos del tercer mundo como una especie de catástrofe natural, como un brote de pasiones semi-naturales, o conflictos basados en raíces étnicas (es decir *naturales*). El punto clave es que esa renaturalización es estrictamente correlativa a la relexificación global de la vida cotidiana [Zizek 2000: 10]. Como advierte Virilio --"pendant l'occupation on ne parte pas de la résistance, or les médias c'est l'occupation" (durante la ocupación [nazi] no se apartaba [de la palabra] de la resistencia, ahora son los medios de comunicación que forman la ocupación) [Serge Daney cit. Virilio s.f.B : 4/4]. La batalla de Ramos, entonces, es para el alma lingüística:

Con el uso a-crítico de términos promovidos o revisados al amparo del librecambio hay una auténtica desreglamentación de los universos conceptuales que nos sirven denominar el mundo. . . . Gran parte de la confusión que reina en torno a la interpretación de la actual etapa de interdependencia de las economías y de las culturas surge de la a-topía social de las palabras. . . . Con eso –es un paso de la sociedad de disciplina a la sociedad de control [Mattelart 406].

Sólo después de reconquistar la palabra, se puede llegar a la transformación:

La capital enorme
gastándose en polvo
sin parques ni palacios;

el rostro de Managua
es la bravía
rabia
de negarse a sí misma.

"Intensos el cielo . . ." [31-2], primer poema de la sección "Estrellas fijas", es una introspección nocturna puntuada por la esperanza. Como los poemas anteriores, es una oda picnoléptica cargada de paradojas.

> Intensos el cielo
> y la noche,
> un abismo dorado
> de estrellas.
> Me llevó un
> caballo dorado
> lejos,
> muy lejos de mi casa.
>
> En la inmensidad cabalgaba,
> dorado con su crin
> al viento.
> Hojas de álamos oscuros
> se sabían después del aguacero.

Contra el fondo de estrellas fijas que representan el destino astrológico, el meteoro nómada le lleva por el cielo y le ofrece esperanzas de un cambio:

> Pero veo: en lontananza,
> una ciudad vedada,
> maravillosa.
>
> Sólo una noche al año
> brilla sobre la faz de la tierra
> como un carbón encendido . . . ¡Veo
> una estrella
> aterradora!

Todo esfuerzo de cambio es fruto del deseo, no del *querer*: el deseo es revolucionario en sí, como si fuera involuntario, quiere lo que quiere [Ian Buchanan 24]. Es nómada y por tanto representa una alternativa práctica y existencial ante el paradigma del capitalismo dominante, no es solo un modelo o prototipo. Lo utópico exenta el pensamiento de la obligación de obedecer [Ian Buchanan 6]. El deseo "constantemente junta las corrientes continuas a los objetos parciales que por naturaleza son fragmentarios y fragmentados. El deseo le hace fluir a la corriente y [también] quiebra el fluir" [Deleuze cit. Ian Buchanan 21]. El deseo carece de un lugar, ni expresa ni representa nada, sólo indica un cierto movimiento y un quebrar en el movimiento de las cosas. La *différance* también junta la temporalización y la organización del espacio, en cuanto a su función básica. Es fundamentalmente, una negación más intensa de las filosofías anteriores. Colapsa al recordar y al consumir un solo proceso de producción: estipula que los humanos y la naturaleza pertenecen a una realidad esencial, es un producto productor. Se define como un proceso que no es ni una perspectualización ni un fin en sí [Ian Buchanan 16]. El pensamiento tiene forma, ya está conforme a un modelo de otro lugar –el estado, el *socius*, el mercado –pero ya fuera de vista. La conformidad lleva a la complicidad –este desboronamiento es la consecuencia más perniciosa de la formación del pensamiento como un sí [Ian Buchanan 74-75]. "El estado le da al pensamiento una forma de interioridad; y el pensamiento le da a esa interioridad una forma de universalidad" [Ian Buchanan 75]. Frente al poder ideológico del estado, el miedo del límite esquizofrénico, la pared en blanco –"la desierta blancura de yeso" del primer poema– se siente más seguro "caer debajo de la ley del significante marcado por la castración, triangulado" que arriesgar la desolución en el flujo esquizofrénico [Ian Buchanan 28].

>Intensos el cielo y la noche,
>es un silencio
>infinito
>vuelo rauda
>lejos,
>montada en mi caballo dorado.

>Es un llamado de tormentos
>venideros. La juventud misma
>lo envía . . . . la estrella, y las tinieblas,
>y el fragor
>inquietante
>de los cascos.

"Desolvidándose" [49-56] es un soliloquio que detalla el proceso difícil de recuperar la historia, de reconocerla como un proceso vivo y salir de un presente que nos puede enjaular en una cárcel temporal.

> Demasiado fuego y noche.
> Acabó. Por ahora.
> Esa gente no sabe . . .
> Lo que sea. Resisto.
> Resistí.
> Resistir.
> No recuerdo . . . Algo negro adentro
> y la boca me duele. Dormirme.
> No recuerdo a nadie.

Es un proceso cargado de incertidumbre, de dudas, de conflicto interior que establece una dialéctica necesaria que llega a la verdad. Los que ignoran la historia se traicionan a sí mismos:

> Pendant les années 40 on oubliait que l'Histoire, si elle se comprend rétrospectivement, se vit et se fait au jour le jour. Ce choix de l'attitude historique, et cette passéification continue de présent, est typique de la collaboration [Sartre cit. Virilio s.f.B : 4/4].

> Durante los años 40 se olvidaba que en la Historia, comprendida retrospectivamente, se vive y se hacen las cosas a diario. Esta actitud histórica y esta pacificación continúan hasta el presente; son típicas de los colaboracionistas.

Es un proceso hecho, aún más difícil, por la destrucción del tiempo natural.

> Esiste un nesso tra narrativa e tempo significativo (kairos) giachè entrambi acquistano una valenza semantica solo in quanto hanno un inizio e una fine. Delimitandolo spazialmente, l'uomo umanizza il tempo e gli da una forma, reste pur sempre l'ogettiva e inevitabile presenza di chronos –il tempo non umanizzato che fluisce con o senza l'elemento umano. Lo spazio nei suoi mille alveoli, racchiude e comprime il tempo: lo spazio serve a questo scopo [Marroni 1-2].
>
> Attraverso lo spazio, nello spazio rinveniame i bei fossili della durata,

concretizzati da lunghi soggiorni. L'inconscio soggiorna, i ricordi sono immobilili, tanto più solidi quanto più e meglio vengono spazialmenti [Gaston Bachelard cit. Marroni 2].

Existe un nexo entre la narrativa y el tiempo significativo (kairos), ya que los dos adquieren un equilibrio semántico sólo en cuanto tengan un inicio y un fin. Delimitándolo espacialmente, el hombre humaniza el tiempo y le da una forma, siempre queda la presencia objetiva e inevitable de khronos –el tiempo no humanizado que fluye con o sin el elemento humano. El espacio en sus mil alveolos, cierra y compromete el tiempo: el espacio sirve como este límite.

A través del espacio, en el espacio encontramos los bellos fósiles de lo duradero, concretizados de su largo viaje. El inconsciente viaja, las memorias son inmóviles, entre más sólidos [estos fósiles] se hacen más espaciales.

Con el ciberespacio, o tiempo-espacio cibernético [Virilio s.f.A 140], el espacio y la historia se encuentran desterrados a un *gulag* ciberiano. El tiempo instantáneo (*real time*) usurpa el espacio real; la cronoestrategia vence la geoestrategia [Armitage 5/10], bajo el imperialismo sicogeográfico del ciberespacio [Virilio s.f.A 152] A la velocidad de la luz, hay una industrialización del olvido y del carecimiento; extrañamos la historia y la geografía, los espacios y el pasado [Virilio s.f.A 144]. Al alterar la phusis del mundo, ajustar la lógica inherente de la naturaleza y el *continuum* temporal-espacial para sus propios fines, el capitalismo ha sacado el tiempo del quicio [Brennan 278, Deleuze 1984 vii]; "tout à lieu en temps réel" [Virilio s.f.B : 1/4]. Con este desplazamiento el *habitus* del espacio y del tiempo se han reemplazado por la hegemonía de los simulacros, de la percepción artificialmente mediatizada, de anatomías ciberorganísticas [Brigham 3/9]. La destrucción de la distancia por la telepresencia, elimina la *différance*; la laguna entre el espectador y el espactáculo, entre el sujeto y el objeto necesario para formar la objetivización y el razonamiento crítico [Manovich 4/6/].

> Tan cansada me siento a veces
> de nuestros errores,
> de estas mentiras piadosas
> que devienen por fines despiadadas,
> de caras

torcidas,
de nombres
que ya no conozco.

El tiempo ahora se ve como un espectro [Brennan 265].

Nada. Nadie sabe.
La buscaste en todas las morgues. ¿Acaso
la soñaste?
Se parte el mundo:
afuera-adentro. Bien adentro.
Y nadie sabe.

Ahora los muertos espantan a los vivos --*re-mord*. La historia es antropófaga y la memoria es el campo de batalla entre el olvido (no-pasivo sino una acción dirigida hacia el pasado) y la huella mnemónica (el regreso a lo olvidado) una acción de un pasado que tuvo que disfrazarse [de Certeau 3-4]. En medio de este conflicto, Ramos le pide ayuda a su santo patrón revolucionario: "Ayúdame / Che comandante". Cualquier régimen autónomo está fundado encima de lo que elimina. Pero lo excluido vuelve a convertir la permanencia del presente en una ilusión "salvaje, *ob-sceno*" que inscribe la ley del otro [de Certeau 4].

Mucha agua –y sangre—
corrió bajo el puente.
Ahora sacaron el cuento
que llegamos al tope . . .
Fukuyama en brazos de Hegel,
diciendo
que luchamos en vano,
que toda mi vida en vano,
que mejor no hubiera pasado.

Fukuyama desempolva una versión adulterada de la tesis hegeliana del "fin de la historia", invocando la desaparición de una alternativa creíble a las democracias liberales occidentales y concluyendo el discurso de los fines. Al medirse la universalización de la democracia por el rasero del *laissez-faire*, fuera de ese modelo ya no habría salvación [Mattelart 408]. Es un análisis superficial:

"Ce n'est pas la fin de l'histoire mais la mise en crise de l'histoire" (no es el fin de la historia, sino una crisis histórica) [Virilio s.f.B : 1/4]. La crisis tiene que ver con el límite de la velocidad del tiempo –el que coincide con la velocidad de la luz. Con el ciber-sabotaje de la realidad, la información vence la realidad objetiva [Virilio 1998 158].

El fundamentalismo capitalista, con la *mala infinidad* de la *libertad de escoger*, el nacionalismo y el fanatismo religioso, enfatiza intereses particulares en vez del universalismo [Spencer & Krauze 168-69]. De este sentido, además del elitismo y el etnocentrismo, Fukuyama aporta muy poco de Hegel, ya que Hegel vio al ser como una entidad social, que se desarrolla a través del reconocimiento mutuo y está definido por la comunidad. Hegel; aborrecía el exceso de la individualidad como un proceso de auto-destrucción [Solomon & Higgins 96-7]. Hegel aplicó las leyes dialécticas sólo al espíritu, no a la naturaleza y la sociedad. Para la dialéctica no hay nada eterno, estancado, inmutable [Ríus 72].

En realidad, las teorías del mercado son tan irrealizables como la revolución socialista en el oeste. El mercado es tan inerte como la planificación burocrática [Jameson 1999: 277-8]. Por eso, Fukuyama abandonó su ideología librecambista radical precisamente al llegar a la conclusión de que las drogas que aumentan la serotonina en el cerebro –fruto del mercado libre-- ofrecen la auto-estimación, sin tener que sacrificarse a las normas del capitalismo. El verdadero riesgo no es que perdamos la libertad y la dignidad. Es que nunca las teníamos [Zizek 2004: 130]. El problema con las drogas no es sólo que generan una auto-estimación no merecida y no basada en *éxitos verdaderos*, sino que nos quita la satisfacción del *rito simbólico intersubjetivo* [Zizek 2004: 132]. Sacamos la aprobación de una pastilla, en vez de someternos a las pruebas de los capitanes de la industria. Por tanto, la ciencia biogénica cerebral socava las fundaciones de la democracia liberal. Fukuyama, sin embargo, no se da cuenta de la potencia aterradora del mismo mercado global [Zizek 2004: 132].

Ramos sí está consciente del peligro y excava el sueño utópico en un acto hegeliano de *Versöhnung* (reconciliación), la ilusión de una última reunión entre un sujeto y un objeto radicalmente separados el uno del otro [Jameson 1999: 334]. Reconoce que la verdadera utopía no es un fin, sino un proceso [Jameson cit. Ian Buchanan 164], es un sueño con la potencia de cambiar el mundo. La revolución permanente en la vida intelectual y la cultura indica la necesidad de precauciones contra la reificación conceptual [Jameson 1999: 401].

> Duele.
> Sí, duele.
> Pero, ¿cómo rendirme,
> con tanto dolor en el mundo?
> Alguien tiene que ser.
> De nuevo
> las mismas palabras.
> Veo jóvenes rostros
> . . . .
> y entiendo que nada termina.

"Que mi sangre rompa las lajas de la palabra" [67] es un breve epigrama reminiscente, en su contenido y lenguaje, al verso de Miguel Hernández, especialmente, poemas como "Es sangre, no granizo":

> Que mi sangre rompa las lajas de la palabra,
> no a gotas, a raudales, río
> de sangre será mi nombre.

Los dos saben que la historia está hecha de la sangre del pueblo. La diferencia es que Ramos no es víctima sino agente de la historia. Utiliza la sangre como arma en cantidades bíblicas, para manchar a los destinados a la salvación, para inundar a los intransigentes contra la historia, para revivir la palabra desangrada por los sofismas, para nutrir el futuro. Aquí la historia se hace *aura* en el sentido benjaminiano: una utopía del presente que incorpora el pasado, un momento de plenitud que Walter Benjamin asociaba con un pasado cultural más sencillo [Jameson 1971: 77].

"Temis" [101-04], nombre del primer poema de la última sección, es una diosa griega de la justicia. Su nombre recuerda varias palabras en latín que indican "casualidad, miedo, oscuridad", tanto como *temya*, ruso para "corona", vocablo indicativo de su primacía y su lenguaje preciosista. De acuerdo a su tema clásico, tan típico del modernismo, está cargado de palabras rebuscadas y esteticistas reminiscentes de la época de Darío. Es una oda escrita en verso libre con vaivenes que recuerdan la naturaleza coreográfica de la oda clásica. La justicia es un baile dialéctico que anda en rodeos en búsqueda de la verdad. Desafortunadamente, cuando más la necesitamos, la diosa ya no existe, su estatua se ha fundido en moneda o cañón –agentes de la corrupción de la justicia.

> De éneo fulgor la invocó el mundo
> que atisbamos
> enceguecidos profesando
> raíces y manantiales. ¿En
> qué moneda o
>   serpentina
> respira aún su metal fundido por
> manos asofas?

Pero existe una copia en mármol, piedra fría sin color –la justicia reducida a mero simulacro.

> Absorta en pausa marmoleña
> copia fiel la conocemos,
> alzándose gala
>   de galerías,
> temperente
> de lógica emplazada en
> la cresta de todos los olvidos.
> Duerme la espada tempestades.

Sólo podemos imaginar su verdadero poder de medir y equilibrar el mundo.

> . . . Esta
> mano izquierda crece
> terminando en una vieja balanza:
> un platillo nuestra Tierra
> íntegra,
> el otro, monedas & quincalla.

Su oficio recuerda las palabras dirigidas al rey Baltasar que el profeta Daniel descifró: *mane, thecel, fares*.

Pesado,
contado,
dividido.
El brazo derecho
blande su lanza
ataviada con pelo de floresta.
Redime un oro
Primitivo: auroral,
Temeraria. El celaje
hermanece buenas noluntades.

La justicia divina no sirve para alzar a los poderosos, sino para vedar a los tiranos con *noluntades* (de latín *nollo* "no quiero"). Por tanto, la justicia viene armada, y también herida.

Ferrífica heridas en carne
viva:
estructuras de grave certidumbre.
Rojo
zinc aprendiendo la hedentina
hematoidea,
fiebre de pantano
--la heloda
--cloaca
--Acahualinca.

El escenario del tugurio de Acahualinca le hiere a cualquiera. Especialmente, tomando en cuenta, que es donde fueron descubiertas las huellas del primer hombre nicaragüense, el que corría por un campo de ceniza volcánica. De ahí el juego de palabras: "Estos / pies le duelen a tierra árida". Desde los primeros días hacía falta la justicia en Nicaragua. Con semejante tradición, no nos sorprende que los poderosos se burlen de ella:

De noche vienen a
someterla,
a hurgar en sus ninfas contilosas.
Pellizcando las nalgas y los pezones
en
silencio harto
ensayado por
atenebradas, por ateridas
que escarban sentido en resistencia.

Madre de Prometeo, dicen, eres.

    Ser madre de Prometeo, el que trajo fuego de los dioses para calentar e iluminar al hombre, es bastante razón para atormentarla. Una raza de seres que acomoda a los afligidos y aflige a los acomodados es demasiada peligrosa para los que mandan en este mundo. Si sólo se despertara.
    La poesía de Ramos es una excavación de la historia, la justicia y la democracia frente a la usurpación de éstas por el mercado. A pesar de los esfuezos de negarla, de enterrarla, de ridiculizarla, el espectro de la historia vuelve resistir a través de los sueños libertarios. Los héroes iluminadores del pasado –Beatrice, el Che comandante, Temis— esperan el momento de plenitud, una epifanía para cabalgar de la memoria y llenarnos la mente con un deseo que posibilita lo imposible. Como decían los mayas: *"Pathih hun ten e; bey he u patal u lac e"* (ocurrió una vez, lo mismo puede ocurrir de nuevo) [Edmondson vi].

Obras consultadas

* Appignanesi, Richard et al. *Introducing Postmodernism*, rev. ed. Duxford UK: Icon, 2003.

* Armitage, John. "The Kosovo War Took Place in Orbital Space" [10pp] (en línea) www.theory.net

* Bottomore, Tom et al., eds. *A Dictionary of Marxist Thought*. Cambridge MA: Harvard UP, 1983.

* Brennan, Teresa. "Why the Time is Out of Joint: Marx's Political Economy without the Subject." *South Atlantic Quarterly* 97:2 (Spring 1998): 263-80.

* Brigham, Linda. "Transpolitical Technology and the Hope of Language: Virilio and Habermas." *SPEED* (en línea) 13 September 1995 [9pp] www.proxy.arts

* Buchanan, Ian. *Deleuzism: A Metacommentary*. Durham: Duke, 2000.

* Buchanan, Mark. *Ubiquity*. New York: Crown, 2001.

* Carse, James P. *Finite and Infinite Games*. New York: Free Press, 1986.

* Certeau, Michel de. *Heterologies: Discourse on the Other*. Minneapolis: U Minnesota P, 1989.

* Deleuze, Gilles. *Kant's Critical Philosophy*. Minneapolis: U Minnesota P, 1984.
------ "What is a *Dispositif*?" Timothy J. Armstrong, ed. & trans. *Michel Foucault Philosopher*. New York: Routledge, 1992: 159-68.
------ *Difference and Repetition*. London: Continuum, 2001.
------ & Félix Guattari. *What is Philosophy?* New York: Columbia UP, 1994.
------ *A Thousand Plateaus*. Minneapolis: U Minnesota P, 2002.

* Der Derian, James. "Is the Author Dead?: An Interview with Paul Virilio." Virilio 1998: 16-21.

* Dozier, Rush W. *Codes of Evolution*. New York: Crown, 1992.

* Dufresne, David. "Virilio –Cyberspace Fighter: An Interview with Paul Virilio" *Après Coup* (3pp) (en línea) www.apres-coup.org

* Eco, Umberto. *Kant and the Platypus*. New York: Harcourt, 2000.

* Edmundson, Munro. *The Ancient Future of the Itza*. Austin: U Texas P, 1982.

* Fetscher, Iring. "Georg Wilhelm Friedrich Hegel." Bottomore 198-99.

* Foucault: Michel. *The Order of Things.* New York: Vintage, 1973.

* Futoransky, Luisa. <<Entrevista a Paul Virilio>>. *Ajo Blanco* (fevreiro 1999) (9pp) (en línea) www.ip.pt/flirt

* Jameson, Fredric. *Marxism and Form.* Princeton: U Princeton P. 1971.
------ *The Political Unconscious.* Ithaca: Cornell UP, 1981.
------ *Modernism.* Durham: Duke UP, 1999.

* Kaufman, Eleanor & Kevin Jon Heller, eds. Deleuze and Guattari: *New Mappings in Politics, Philosophy and Culture.* Minneapolis: U Minnesota P, 1998.

* Klein, Etienne. *Conversation with the Sphinx.* London: Souvenir, 1996.

* Manovich, Lev. "Film/Telecommunication Benjamin/Virilio" *SPEED* [6 pp] (en línea) www.proxy.arts

* Marroni, Francesco. <<Chronopolis di J. G. Ballard: La città e il tempo.>> *La città e le stelle.* Editrice Nord (en línea) www.intercom.pulinet.it

* Mattelart, Armand. *Historia de la utopía planetaria.* Barcelona: Paidós, 2000.

* Merleau-Ponty, Maurice. *Consciousness and the Acquisition of Language.* Chicago: Northwestern UP, 1973.

* Ramos, Helena. *Río de sangre será mi nombre.* Managua: CIRA, 2003.

* Ríus (Eduardo del Río). *Marx para principiantes.* México: Grijalbo, 1981.

* Robinson, Dave & Judy Groves. *Introducing Political Philosophy.* Duxford UK: Icon, 2003.

* Sardar, Ziauddin & Boris van Loon. *Introducing Cultural Studies.* Duxfor UK: Icon, 1999.

* Shallis, Marshall. *On Time.* New York: Schenken, 1982.

* Solomon, Robert C & Kathleen M. Higgins. *A Passion for Wisdom.* Oxford: Oxford UP, 1997.

* Spencer, Lloyd & Andrej Krauze. *Introducing Hegel.* Duxford UK: Icon, 1999.

* Virilio, Paul. *Speed and Politics.* New York: Semiotext(e), 1986.

------ <<La velocità assoluta>>. 5 IX 1995 (en línea) www.mediamente.rai.it

------ <<Immagini del pensiero>> *L'integralismo tecnologico* (7 VI 1997) (en línea) www.emsf.rai.it [1997A]

------ <<Fin de l'histoire ou fin de la géologie?: Un monde surexposé>>. *Monde Diplomatique* (août 1997): 17 (7pp) (en línea) www.monde-diplomatique.fr [1997B]

------ *The Virilio Reader.* Ed. James Der Derian. Oxford: Blackwell, 1998.

------ <<Il futuro nello spazio *stereoreale*>> (1999) (en línea) www.mediamente.rai.it

------ "The Art of the Motor." 133-56 (s.f.) (en línea) www.stanford.edu/dept/HPS/Virilio [s.f.A]

------ <<Un paysage d'évenements: Entretiens avec Paul Virilio>> *République des Lettres* (s.f.) (4pp) (en línea) www.republique-des-lettres.fr [s.f.B]

* Zizek, Slavoj. *The Fragile Absolute.* London: Verso, 2000.
------ *On Belief.* London: Routledge, 2001.
------ *Organs Without Bodies.* London: Routledge, 2004.

Bitácora parergonal: *Barcos en el aire* de Francesca Randazzo

Este poemario onírico de la escritora hondureña Francesca Randazzo explora los espacios entre el texto y el mundo, entre lo real y lo virtual, entre tierra y *des-tierra* –sea el agua, el aire, el exilio, el ciberespacio; y cómo pasamos entre universos. Desde este sentido, es exploradora en la tradición de Italo Calvino o Stanisław Lem, consistente en que ella abraza las trabas y las dificultades de la comunicación y el entendimiento; como si fuera una celebración de la diferencia. Como indica Calvino:

> En una época cuando otros medios increíblemente rápidos y ubicuos triunfan y amenazan atropellar toda comunicación hacia una sola superficie homógena, la función de la literatura es la comunicación entre las cosas que son diferentes solamente porque son diferentes, no ablandar sino agudizar las diferencias entre ellas, siguiendo la verdadera naturaleza de la lengua escrita [Calvino].

Como Lem, rechaza lo monolítico y lo homeostático, como algo que nos confina y que sólo existe dentro de nuestro orgullo:

> La actividad homeostática, la que utilizaba las tecnologías como órganos específicos, le hizo al hombre el amo de la Tierra, realmente poderoso sólo en los ojos del apologista, quien es sí mismo.... Está [sin embargo] muy lejos de la homeostasis al nivel planetario, ni pensar de la homeostasis de las dimensiones estelares. A diferencia de la mayoría de los animales, el hombre no se adapta al medioambiente tanto como reconstruye el ambiente de acuerdo a sus necesidades [Lem. *Summa technologiae*. 1.0].

Como Calvino, Randazzo toma en cuenta este auto-desengaño y nos quiebra los lentes homeostáticos para mostrarnos lo maravilloso del mundo, a través de *ostranennie* o *Verfremdung* –un distanciamiento que nos obliga ver al mundo desde otras perspectivas polisémicas. De esta manera, su obra genera cuestiones epistemológicas, en cuanto a cómo tratamos a la alteridad radical [ver a Saunders & Marvell]; así examina el yo, en relación con el resto del cosmos.

Como toda la obra de Randazzo, este poemario nos estimula más preguntas que contestaciones [ver a Ramos]. Hasta el título ofrece múltiples alusiones: ¿referirá a los barcos fabulosos de una imaginación daliesca, a las nubes, a barcos de papel guindados del cielo raso, o a las aeronaves? De todos modos, integra los tres elementos del espacio: agua (líquido), aire (gas), tierra (sólido, i.e. la materia del barco); con el cuarto elemento clásico del tiempo: fuego (la transformación del viaje) para formar una tabla periódica de la imaginación. Este libro de 51 poemas está dividido en 7 capítulos, cada uno con un nombre que refuerza el tema de atravesar y esfumar fronteras: "Piel en todos los silencios", "Del viaje", "Del mar", "Esta tierra que no es mía", "Piel que atizan las palabras", "Escritura DeCiMal" y "Poesía travesti". Los poemas de esta bitácora tienen números, en vez de nombres o fechas, comenzando con "18" y terminando con "36", números pares y múltiples de 3 y 9. Seguramente, los matemáticos, numerólogos y teóricos de las conspiraciones ocultas dedicarán años a la búsqueda de códigos y algoritmos secretos que les puedan llevar a su versión particular del Santo Grial. Lo más obvio es la falta de una secuencia aparentemente lógica empezando con el primer capítulo y el juego cada vez más caótico de rayuela, de subir y bajar entre números en los capítulos siguientes. Siguiendo a Lem, esto nos recuerda que

> la historia ... no tiene nada que ver con ... simplificaciones. No nos enseña senderos rectos de desarrollo, sólo los zigzagueos de la evolución no-lineal; así que, malafortunadamente, tenemos que abandonar los cánones de construcción elegante [Lem. *Summa technologiae*. 3.0].

También notamos que los números, en muchos casos, son mayores que la cantidad de poemas. ¿Eso indicará poemas perdidos, silencios o una falta por completo de concordancia entre la suma y los números usados? *The truth is out there* pero sólo Fox Mulder sabrá por cierto. Randazzo aumenta la incertidumbre por omitir las letras mayúsculas y la puntuación. El resultado de las lagunas y la falta de linealidad es un estado al borde del caos, ameno a la morfogénesis y la *autopoiesis* –la creación espontánea de un nuevo orden [ver a de Landa, Johnson].

El primer capítulo, "Piel en todos los silencios," nos presenta el papel como la piel del texto. El papel, esta "pálida piel de papel", en su papel paratextual, está cargado de elementos parergonales que afectan al texto mismo: color, espacio, tamaño, textura, tipo, etc. –todos influyen en la obra tanto como en la percepción del lector:

el concreto firmamento
de tus células
influye en el curso dactilar
de mis cometas [102]

El texto, en su doble papel de *carmen* –poema, encantación—toma posesión de la autora:

no siento mi cuerpo
más que en palabras sin señales
sin impulsos

no siento más
que unos poros atestados
de jadeantes letritas [106]

"Del viaje" representa un distanciamiento del mundo cotidiano y del prójimo a través de una hiperconcentración en la observación la práctica diaria:

paso lento, acelerado, puntiagudo, gastado, cómodo, suave, delicado, chistoso, remendado, anticuado, neutro, deportivo, arreglado, indefinible, abierto, amarrado, como todos, como ninguno, transparente, dorado, brillante, limpio, extraño, de payado, cuadrado, con rayas, natural, aventurero, igual, descuidado, elevado, ancho, grueso, simple, zapato complicado [12]

Aquí vemos el mundo con cámara oblicua al estilo exteriorista.
"Del mar" explora los *parerga* del mundo –las fronteras permeables que sirven, tanto como puntos de interacción, como de barreras: las playas, los bordes del papel:

si hubiera un camino
para recorrer mis muros blancos
subirías
hasta la copa de mi página [91]

También explora los estados transitorios:

finalmente entiendo
y camino
por los espacios que recorrí
a gatas [144].

"Esta tierra que no es mía" explora los aspectos de la tierra que no son de tierra; y, cómo se interaccionan en un baile (pro)creador. Aquí en poema "1", *le visqueux* (lo viscoso), esa sustancia vil, nauseabunda e impúdica de los existencialistas [Warnock 104], es la fuente del alba:

granos de azúcar
en la cortina del agua
se anudan como semilla marina

para los fondos terrestres
punto de almíbar
que sube en la savia
al amanecer [1]

Esta sección de poemas con números bajos --"1", "2", "3", "4", "8", "24"—contienen los ecos y los fluidos de la creación.

"Piel que atizan las palabras" nos recuerda que nosotros vivimos en la piel del planeta –este *parergon* entre tierra, agua y atmósfera. Accesamos los tres elementos clásicos, a través de esta coyuntura:

yo que poseo de tu cuerpo
la visión aérea [21]

vuelo sobre un océano
que es un mar de nubes [710]

Esta piel de la tierra es nuestro mundo y los poemas de esta sección reflejan una fuerte ecocrítica dirigida contra las prácticas desolladoras de la tecnología –sin tener que mencionarlas.

"Escritura DeCiMal" es la única sección que utiliza las mayúsculas. No sirven aquí, sin embargo, para marcar frases lineales sino para eliminarlas o llamar la atención a sus contralecturas. El título, obviamente, se puede leer "Escritura de sí mal", pero también, "dése mal decir". Todos los poemas son de una o dos líneas y tienen títulos que consisten en décimos –números menores que uno. La mayoría de los poemas de la sección no contiene verbos, y éstos están en el presente– dando un efecto de sincronía, un congelamiento del tiempo, un conjunto de actos incompletos en el nano-espacio. Aquí la comunicación como acto creativo está inoperativa, el Verbo está mudo.

> Tierra marcada en cada piedra Por el desgaste de la pobre
> Experiencia enriquecida [0.1]

La última sección, "Poesía travesti," representa el punto en hervor cuando todo se disuelve en caos. Es un caos creador en el sentido de que amplifica las fronteras de la lengua, tomando en cuenta los apotegmas de Ludwig Wittgenstein: *Die Grenzen meiner Sprache bedeuten die Grenzen meiner Welt* ("Los límites de mi lengua son los límites de mi mundo") [Wittgenstein 1974: 114-15]; "*Die Sprache ist ein Labyrinth von Wegen*" ("La lengua es un laberinto de senderos") [Wittgenstein 1958: 102]:

> monedas aéreas
> privadas de sentido
> me vuelven pública [58]

Es un *tour de force* lingüístico reminiscente de la aniquilación del lenguaje, al final de *Altazor,* o al proceso mutuo de desconstrucción/reconstrucción de la lengua en *Finnegan's Wake* –salvo que aquí la violencia de la lengua es sintáctica, no fonológica.

En esta obra, Randazzo se revela como una maestra de la catálisis lingüística, esfumando barreras, jugando con los intersticios parergonales de la lengua, creando nuevas recetas para escribir, para amplificar nuestra cosmovisión. Es una visión que va más allá del nihilismo anarco-conservador del posmodernismo para enseñarnos a reconstruir, a re-crear en ambos sentidos –de acuerdo al dictado horaciano de "enseñar y deleitar". Es un breviario que declara que siempre hemos vivido en una época de milagros. Sólo tenemos que distanciarnos de la enajenación, del medioambiente, para ver y gozar el mundo, tal como es.

Obras consultadas
_____

* Calvino, Italo. *Six Memos for the Next Millennium*. cit, "Italo Calvino." *Wikipedia* (en-línea).

* De Landa, Manuel. "Deleuze and the Open-ended Becoming of the World." *Diss. Thema Virtualität*. (en-línea).

* Johnson, Steven. *Emergence*. New York: Scribner, 2001.

* Lem, Stanisław. *Summa Technologiae*. (en-línea).

* Ramos, Helena. << Francesa Randazzo: rebelión desde la torre de marfil>>. ANIDE (en-línea).

* Saunders, Alan & Leon Marvell. "To Solaris and beyond" (entrevista). *The Philosopher's Zone*. Warnock, Mary. *The Philosophy of Sartre*. London: Hutchinson, 1966.

* Wittgenstein, Ludwig. *Philosophical Investigations*, 3rd ed. Oxford: Basil Blackwell, 1958.
\-\-\-\-\-\- *Tractatus Logico-Philosophicus*. London: Routledge, 1974.

Después del diluvio: La re-creación femenina del mundo en *Desnuda de mí* de Silvia Elena Regalado

Después de diez años de guerra en El Salvador, con ambos bandos agotados sin victoria, con decenas de miles de muertos y millones en el exilio, sin haber resuelto los graves problemas que afligían el país, se firmó un tratado de paz. Homero nos cuenta de la guerra de Troya y el *nostos* (regreso) de los guerreros, pero no nos dice nada de lo que encontraron los sobrevivientes cuando llegaron a la patria, sólo que algunos tuvieron problemas para reclamar a sus esposas. La guerra es gloriosa en la épica, especialmente en la boca de los hombres. Pero no nos dice absolutamente nada de la orfandad, de la viudez y del desamparado, de los gastos de la reconstrucción. Sólo Clitemnestra y Efigenia entre las griegas, tanto como Casandra y las demás mujeres troyanas nos pueden contar la verdad. El problema es que nadie les escucha. Si los hombres encuentran la gloria al destruir el mundo, después del apocalipsis, les toca a las mujeres re-crearlo y encontrar la palabra que les llegue a los oídos.

> Después de la Segunda Guerra Mundial
> y tantas guerrillas,
> millones de mujeres perdieron a sus hombres.
> Medio siglo después,
> las mujeres
> continuamos buscándolos,
> pero ellos no se reponen
> de la muerte y del miedo.
>   [Regalado "Los miedos"]

La situación se complica por la crisis histórica posmoderna y la desaparición de una alternativa creíble a las democracias liberales occidentales [Mattelart 408]. Al alterar la *phusis* del mundo, y ajustar la lógica y el *continuum* espacio-temporal inherentes de la naturaleza para sus propios fines, el capitalismo ha dejado el tiempo fuera de sus goznes [Brennan 278]. La velocidad de la historia ha llegado a su límite –el que corresponde a la velocidad de la luz. Esto ha producido un cibersabotaje de la realidad que destaca la información sobre los datos. Francis Fukuyama *et alii* han confundido esta crisis histórica con el fin hegeliano de la historia [Virilio 1998 158]. Les cuesta ver su propia ideología ya que está tan arraigada en la cultura, la cosmovisión y este es el triunfalismo de Fukuyama [Robinson & Groves 2000: 129]. No nos falta la comunicación –hay un superfluo; sino la creación. *Nos hace falta la resistencia al presente.* La creación de los conceptos necesita una forma futura, para un pueblo y una tierra que todavía no existen. La europeización no constituye el desarrollo del mundo sino la historia del capitalismo --lo que detiene el desarrollo de los pueblos subalternos [Deleuze & Guattari 1994: 108]. El uso a-crítico de términos promovidos o revisados al amparo del librecambio produce una desreglamentación de los universos conceptuales que nos sirven para denominar el mundo. Gran parte de la confusión en torno a la interpretación de la actual etapa de interdependencia de las economías y de las culturas surge de la a-topía social de las palabras. Y esto es un paso de la sociedad de disciplina a la sociedad de control [Mattelart 406]. Ashis Nandy señala que se puede resistir por mantenerse fuera del juego. Al apartarse del juego, se crea un nuevo conjunto de visiones y futuros disidentes. El futuro en sí es un estado de consciencia. Por ende, transformar el futuro cambia la consciencia humana de este futuro. Al definir lo que es *inmutable* y *universal,* el Oeste silencia las visiones de otras culturas para asegurar la continuidad de sus propias trayectorias lineales del pasado y del presente hacia el futuro. Al olvidarse del futuro, otras culturas se hacen prisioneras del pasado, del presente y el futuro de Occidente. Para escapar de esta estructura, tienen que definir su propio futuro en términos de sus propias categorías y conceptos. Hay que articular sus visiones en una lengua fiel a su propio ser [Sardar & van Loon 88-9].

Con la patria en escombros y el pueblo desolado, Silvia Elena Regalado abarcó una renovación poética de su universo a través de la alquimia –la transformación y la purificación de la materia y la humanidad. Para la materia es un proceso físico, para los hombres resulta metafísico [Fernando 9]. Ya que la tecnología, la velocidad y la lógica de la posmodernidad han dejado el mundo incomprensible, Regalado vuelve a los principios de la filosofía para encontrar su esquema entre los presocráticos –los que hablaban de la creación y el desarrollo del *kósmos* en vez de ofrecer recetas para dominar al prójimo. Acude a la tierra, al aire, al agua y al fuego como elementos principales y secciones del poemario, siguiendo un cuadro originalmente propuesto por Empédocles [Kirk & Raven 333], como un estilo de *diatessaron*.

El esquema cosmológico de Regalado toma en cuenta los refinamientos elaborados por Platón y Aristóteles tanto como la dialéctica de Anaximandro y Heráclito. De acuerdo a su creencia de que las formas inmutables eran superiores a la realidad cotidiana, Platón acudió a la harmonía celestial de Pitágoras de Samos basada en las cualidades espaciales de los números [Stokes 11]. Señaló el triángulo como la base de los cuatro elementos. [Plato 79]. El movimiento y la tranquilidad tienen que ver con el desequilibrio entre los elementos --el motor de la transformación [Plato 80].

En el caos primitivo, antes de la existencia del mundo, había tres realidades: la esencia, el espacio y el desarrollo creativo [Plato 71]; y tres factores: la forma, la copia y el receptáculo [Plato 70]. Los primeros filósofos establecieron un plano por el que pasan movimientos ilimitados continuamente por los dos lados –uno como *phusis* ya que otorga el ser con una sustancia, el otro como *nous* ya que le da una imagen al pensamiento [Deleuze & Guattari 1994: 120]. Es una matriz natural y eterna [Plato 68], que consiste en una sustancia indeterminada en un movimiento confuso y que está asociada con la necesidad o la causa indeterminada [Lee 10]. Al reducirse a las cuatro geometrías esto se cuaja en elementos [Lee 10]. El receptáculo tiene su propia geometría, el dodecaedro –la forma más complicada [Plato 76]. Anaximandro distinguió más rigorosamente entre los dos lados por combinar el movimiento de las cualidades con el poder de un horizonte absoluto, el *ápeiron*, pero todavía en el mismo plano [Deleuze & Guattari 1994: 44]. Cada límite es ilusorio y cada determinación es una negación (vean el *aleph-0*, el sub-conjunto infinito de Cantor) [Deleuze & Guattari 1994: 120]; vean también el *Aleph* de Borges.

Para nosotros, este patrón platónico es la base de los sueños utópicos [Lee 165]; que nos obligan a pensar diferente; a tener éxito a través del fracaso [Buchanan 93]. Forman un momento histórico de plenitud o de cumplirse, un *Versöhnung* –que hace visible la plenitud de los objetos, la escena de una utopía en el presente que absorbe el pasado, aunque fuera por un instante. Existe, no obstante, al pensador de un pasado más simple [Jameson 1971: 77-8]. La emancipación depende en hacer aparecer lo desaparecido [Docherty 322].

"Deluíme", el primer poema del libro, sirve de introducción en forma de *parergon*, ya que no cabe en ninguno de las cuatro secciones definidas por los elementos. Según Immanuel Kant, los *parerga* son las cosas asociadas con una obra de arte que no son parte de su significado intrínseco: e.g. el marco de un cuadro, la portada de un libro. Forman una piel que enfoca, llama la atención, comunica con el exterior [Collins & Maybin 141]. Su naturaleza de receptáculo y *interface* (punto de comunicación entre el interior y el exterior) entre el caos y el *kósmos* (el orden) [Cavalier & Lurio 126], tiene paralelos con el *ápeiron* (lo infinito) --*hoûtos éphasken arkhè:n kaì stoikheîn tò ápeiron* "el principio y elemento es lo infinito" [Anaximander cit. Kirk & Raven 99]. Es el punto de la *chaoplexity* "la caos-plejidad", al borde del orden rígido y lo completamente aleatorio, donde la auto-catálisis lleva a la replicación y la evolución de la vida [Horgan 132, 192, 196-97]. Aquí rige "la fluidez, la multiplicidad, la pluralidad, la conectividad, la segmentaridad, la heterogeneidad, la flexibilidad; no es "ciencia" sino el conocimiento de lo concreto y lo local, no forma leyes, sino un conocimiento de los problemas y la dinámica auto-organizadora" [Arturo Escobar cit. Horgan 216]. Aquí ocurre "el colapso de la función de la onda cuántica", lo que se puede ver como un cambio de la *información* disponible o, como opina Roger Penrose, como algo real [Penrose 250-51].

"Deluíme", en torno, es el *interface* entre dos seres que llegan a conocerse en el sentido físico y espiritual en un momento cargado de significado.

Deluíme,
Sostenete en mi cuerpo
Abrí todos los vuelos
que esconde mi piel.
Incendiame.
No hay pretexto
para no despertar
estos cuatro sentidos
del milagro
de existir . . .

Es una invitación a explorar y catalizar los cuatro elementos al nivel personal a través del tiempo y del espacio. Es el poema clave del poemario, ya que sus palabras encuentran ecos en poemas de todas las secciones.

"Tierra", la primera sección, celebra el elemento más inmóvil y la forma más rígida. Los otros tres elementos se disuelven entre ellos, pero la tierra siempre se cuaja de nuevo [Plato 78]. Distinto a los otros elementos, está basado en un triángulo equilateral (45° 45° 90°) con una base más sólida que la del triángulo escaleno de los otros [Plato 77], –lo que indica por qué no se puede transformar la tierra en ningún otro elemento [Plato 72]. Su estructura es en la forma de un cubo [Plato 76]. Representa todos los sólidos [Plato 79]. Fue el último elemento de separarse del caos [Empédocles cit. Kirk & Raven 333]. Para Aristósteles tiene las cualidades de la sequedad y el frío [Guillén 27].

Según Jenófanes de Colofón, el principio es el barro, el margen entre la tierra y el agua, la fuente de la vida, el sitio de los fósiles [Stokes 13]. De ahí, sacó su teoría de que la unidad de las cosas depende de un equilibrio entre las oposiciones [Kirk & Raven 193]. De acuerdo con Jenófanes, los poemas de esta sección son dialécticas en contenido y forma. Enfrentan lo más duro de la historia: el exilio, la matanza y el racismo con el amor, la reconciliación y la historia. Formalmente, la sección consiste en odas con líneas desequilibradas, con repeticiones y oposiciones.

"Tierra nuestra" es una dialéctica íntima de amor y odio, destierro y reconciliación con la patria. Empieza con las ligas maternas que la tierra brinda a sus criaturas. El uso de paralelismo y repetición refuerzan las conexiones con una ternura mistraliana.

> Sentiste nuestro latido
> diminuto pero insistente,
> Reinventando tu voz
> desvelando tu sueño.
>
> Y nos adivinaste la piel
> para sentirte,
> y nos supiste libres
> para andarte,
> entre tu calor y tu frío.

La patria les fue hurtada en una dialéctica reminisciente de Heráclito que enfatiza la dicotomía entre la unidad y la pluralidad.

> Alguien rompió
> ese lazo que nos unía:
> y nos soltaba para ser distintos
> y nos abrazaba para ser uno.
>
> Y desde entonces
> nos desconocimos.

Después de la enajenación hubo confrontación.

> Me acerqué a vos
> ocultando mis miedos
> y haciéndote entender que el poder era mío.
> Me acerqué para humillarte,
> para someter tu respiración
> y tu ritmo.
>
> El tiempo nos supo
> enemigos en pelea de muerte.
>
> Así estamos.

Termina con una llamada para la reconciliación, un reconocimiento de que la patria es de todos, no solamente de una banda que se apropia de sus símbolos y que se apodera de su usufructo.

O te pido perdón y desando los odios,
o te pido perdón y me veo en tus ojos
o seguís muriendo,
azotando,
estallando,
sepultándonos.

"Raíces" nos enseña que la historia es un *re-mord*, de que los muertos frecuentan el mundo de los vivos: "El alma nunca piensa sin fantasma" [Aristóteles (*De Anima*) cit. Zizek 1999: 24]. La consciencia es una máscara engañadora y una trayectoria operativa de sucesos que organiza el presente. Un pasado reprimido regresa al presente clandestinamente. La historia es antropófaga y la memoria es la arena de conflicto entre el olvido y la huella mnemónica. Es una acción de un pasado obligado a disfrazarse. Todo orden autónomo está fundado encima de lo que elimina. Produce un residuo condenado al olvido. Pero lo excluido reinfiltra el lugar de origen para convertir la permanencia del presente en una ilusión que inscribe la ley del otro [de Certeau 3-4]. La narradora encuentra las huellas de esta historia en sus colochos y se enorgullece del descubrimiento. Empieza cada estrofa con una negación irónica para revelarnos las realidades que yacen al fondo.

Nadie dirá
que mis antepasados fueron negros
que esta libertad intransigente de mis manos
tiene sus raíces
en esa esclavitud
que humilló
a la más bella de las razas.

Nadie sospecha.
Mi pelo encubre historias.
Sin emargo,
hay una sabiduría de la sangre
que busca
un ancestral llamado de tambores
y se rebela fiera
contra todas las esclavitudes.

Como explicó Ashis Nandy: las culturas no-dominantes tienen que dar representación colectiva al sufrimiento por todos lados y por todos tiempos para evitarlo en el futuro. Tienen que estar conscientes de las fuerzas extranjeras de la crueldad y la tristeza, tanto como los *vectores interiores* que les han quitado el ser verdadero. Es imprescindible que se transformen en culturas de resistencia [Sardar & van Loon 88-9].

"Nunca más" es un treno, una lamentación, de las víctimas de la guerra. La guerra es un paso atrás al *ápeiron,* ya que busca una totalidad de los elementos espaciales: el líquido (la sangre), el sólido (la tierra), el aire (los cielos) sin el elemento transformador –el fuego; y sin el apoyo divino.

Sangra la herida
donde resucita
el rostro de los muertos.

Mi noche se habita de sus nombres
y recorro las ciudades,
el dolor encendido,
la amargura,
la impotencia de no llamarnos dioses,
para nombrar la vida
a quienes duermen debajo de la tierra.

Llueve la humedad de tanta sangre
y alzo tanta voz hacia los cielos
para que nunca más
vuelva a oscurecernos
otra guerra.

"Aire" forma la segunda sección del poemario. Según Empédocles, el aire fue el primer elemento de separarse del *ápeiron* [Kirk & Raven 333]. Sus cualidades, según Aristóteles, son la humedad y el calor [Guillén 27]. En la alquimia representa la transformación por el intelecto, el aliento de los dioses y los ángeles [Fernando 112]. Anaxímenes declaró que el aire, –*pneûma kaì aé:r* "el viento, el aliento y el aire" [Kirk & Raven 146], es el componente del alma y que es el alma del *kósmos* [Kirk & Raven 158]. "De la misma manera que el alma, que es de aire, nos incorpora, el aliento y el aire rodean el mundo entero" [Anaxímenes cit. Warner 17]. Igual al agua y al fuego, la estructura del aire está basada en el triángulo escaleno (30°, 60°, 90°) [Plato 72], y tiene la forma de un octaedro regular [Cavalier & Lurio 127]. De acuerdo con su naturaleza alquímica, los poemas de esta sección son más meditativos y poseen una estructura más arquitectónica.

"Soledades" es un soliloquio sobre las cualidades y los méritos de la verdadera soledad tanto como su relación con el arte. La primera estrofa repite tres veces el *leitmotiv* "Inútil la soledad" para enfatizar que la soledad menguada o consolada no vale nada --una soledad verdadera es puro dolor. Pero al final de todo resulta "Inútil la soledad, / inútil." --a pesar de que abre caminos al arte al tomar un paso atrás hacia el *ápeiron*.

>¿Acaso hay un poeta que no abra
>en su soledad
>la herida de la angustia?
>Y sin embargo,
>nadie más ilumina
>con tanta esperanza
>la palabra.

En el borde entre el caos y el *kósmos* está el punto crítico y peligroso donde nace la creatividad.

>No juegues con ella,
>podría ser cruel y pincharte
>hasta que brote un sol
>y se sume a la vida
>otra galaxia.

Aquí el arte lucha con el caos para sacar una visión que lo ilumina por un instante, una *sensación* que constituye un *caosmos* (caos + cosmos --palabra de James Joyce), un caos compuesto –ni pensado ni concebido antemano [Deleuze & Guattari 1994: 204].

"La poesía", con "su fiero debatirse por la vida", es el producto del encuentro dialéctico con el *ápeiron* –ese infinito que envuelve todo como una piel. Como indicó Jenófanes, la unidad de las cosas depende en una reacción balanceada entre los opuestos [Kirk & Raven 193].

Infinita materia
callada piel que envuelve
el grito del amor
el de la angustia.

Aquí encontramos el juego de contradicciones que elaboró Heráclito –los opuestos pueden ser iguales [Osborne 84]; el amor = la angustia. En este punto "Todo final es / un principio" y existe "en la palabra humana, / el universo". Sin la paradoja, la teoría establecida sería absoluta, estancada, definitiva, sin nuevas ideas, sin progreso [Klein 28].

Los poetas no dicen el ser, lo emulan –*ars imitatur naturam in sua operatione*. Explotan la ambigüedad sustancial de la lengua para extraer un superfluo de interpretación en vez de un superfluo de esencia. La polivocalidad sustancial del ser nos obliga a darle forma a lo que no la tiene. El poeta emula el ser por re-proponer su viscosidad, por tratar de reconstruir el original sin forma, por persuadirnos a enfrentarnos no con el ser, sino con su ersatz [Eco 34].

La poesía es mi casa
más profunda y más grave.
la sal diluida
en la espuma de un beso.
La poesía es designio
de un destino de mares,
una ruta de vientos
condenada a mi sangre.

El designio de todo desarrollo creativo es empujar más allá de lo insufrible a una lógica y sensibilidad oceánica –lo que Deleuze y Guattari llaman *"becoming-woman" (hacerse mujer)* [Buchanan 93].

Me brotó la palabra,
la intuí,
en la expansión de su tiempo.
Me dejó respirando
y fui
su eco.

Aquí llegamos al significado del título del poemario *Desnuda de mí* –una poesía pura, desnuda, directa, de acuerdo a las normas de "La poesía", la *ars poetica* de Juan Ramón Jiménez.

> A veces me abandona
> tu desnudez redonda
> de vocal florecida.
> Tu atardecer felino
> sólo humedece
> mis labios que te buscan.
> Me asusta perder
> la infinita ternura de tu fuego.
> pero volvés
> absuelta del desamparo
> a derramar tu viento:

Este momento efectúa una inversión de las últimas líneas de Jiménez: "Oh pasión de mi vida, poesía / desnuda, mía para siempre!".

> *Poesía,*
> *sólo para ser tuya.*

Es un reconocimiento que de nosotros somos parte de la creación.

"Agua" es la tercera sección del poemario. La estructura del agua es un icosaedro [Plato 76]. Según Aristóteles, tiene las cualidades de humedad y frío [Guillén 27]. Existe en tres fases: gas, líquido y sólido [Stokes 9]. Representa todos los líquidos, tanto como los fusibles (los metales) [Plato 82-3]. Para los alquimistas, representa el fluir alquímico, la destilación, el rocío, los tesoros subconscientes, la vía húmeda [Fernando 112]. El primer filósofo, Tales de Mileto declaró, "Todo procede del agua" [Rius 18]; es el *arkhé*: --el primer principio de donde vienen las cosas y adónde van [Kirk & Raven 88]. Es el elemento lleno de vida, de divinidad, de un elemento creador y dador de vida [Rius 20]. Jenófanes de Colofón vio el río como una metáfora de cambio y unidad [Kirk & Raven 196]. Los poemas de esta sección desmuestran una cualidad viscosa y buscan una unidad a través del amor y lo subconsciente.

"Nací con la lluvia" recuerda las ideas de Jenófanes de que el principio es el barro. Es reminiscente, por ende, del "Poema 15" de *El rayo que no cesa* de Miguel Hernández.

> Me llamo barro aunque Miguel me llame.
> Barro es mi profesión y mi destino
> que mancha con su lengua cuando lame.
> ....
> Antes de que la sequía lo consuma
> el barro ha de volverte de lo mismo.
> [Miguel Hernández "Poema 15"]

Aquí vemos una fertilización de los tres elementos espaciales con el elemento temporal –el fuego: "Yo que soy tierra", "que guardo el fuego", "que soy el viento", "soy el designio brutal del agua". Producto de este juego entre elementos al punto crítico, la poeta está dotada de creatividad –simbolizado por la "verde palabra" con el color de la transformación, el crecimiento y el círculo de *la vida-la muerte-la resucitación*.

> me precipito
> hasta el estruendo
> claro
> y silvestre
> de la humanidad.

"Desnuda de mí" es el poema titular del libro. Es una invitación de ir más allá de la piel a la inconsciencia para descubrir las realidades universales y eternas. La palabra es fruto de este proceso, ya que es uno de los tesoros de la profundidad del alma. Según Platón, tenemos que excavarla --ya que el alma bajó del cielo y está enterrada en el cuerpo físico: *soma* (el cuerpo) = *sema* (la tumba) [Thompson 5].

> Desnudame en tu voz
> que soy palabra,
> humedad
> en el lenguaje antiguo del alma,
> insolencia primaria de la carne,
> primitivo rumor de los océanos.

La piel aquí representa el *ápeiron*, del que tenemos que salir para entrar en la historia y la creación.

> Desnudame de mí,
> dejame libre
> como rosa vital,
> como esperanza.

La triple repetición de "desnudame" recuerda de que la utopía tiene éxito por fracasar. De esta manera, nos obliga pensar en lo verdaderamente nuevo [Buchanan 93]. La repetición es el poder de la lengua e implica una idea excesiva de la poesía [Deleuze 2001: 291-92]. Simboliza la destrucción de todas las formas que embargan su operación, de todas las categorías que destacan lo Idéntico [Deleuze 2001: 126].

"Fuego" es la última sección. Este elemento tiene la estructura de pirámide [Plato 76]. En esto hay un juego de palabras o etimología popular, ya que en griego, "fuego" es *pûr*, y "pirámide" es *puramis* –que seguramente viene del egipcio *per râ mosh (vel sim.)* "casa del hijo del sol (*i.e.* del faraón)". Es el elemento más móvil, más agudo, más ligero y, por ende, el más penetrante [Plato 77]. Para Aristóteles, sus cualidades son la sequedad y el calor [Guillén 27]. Filoláus declaró que la vida sale de lo caliente, que el *ápeiron* es oscuro, pero nuestro mundo está en la luz [Kirk & Raven 313]. Según Heráclito, el fuego era el elemento del que todo se originaba [Rius 31].

> Este mundo, lo mismo para todos, no fue hecho por ningún dios ni ningún hombre; sino que siempre era, siempre es, y siempre será --el fuego sempiterno incendiándose y apagándose poco a poco [Heraclitus cit. Osborne 90].
>
> Y todas las cosas son un cambio por el fuego, dice Heráclito, y fuego por todas las cosas como bienes por el oro y el oro por los bienes [Plutarco cit Osborne 90].0

El fuego es el elemento de la tranformación --modifica y controla los otros elementos. Produce un dinamismo que es la fuerza motriz del universo [Stokes 15]. La única realidad permanente es el cambio –todo en el universo lleva su antítesis; cada cambio va acompañado de su signo contrario [Rius 31]. Concuerda con Jenófanes que la *psukhé* "el alma, la vida" es una especie de fuego transformador y que la actividad viene de esta fogosidad [Kirk & Raven 196, Thompson 1]. El fuego es el modelo de la discontinuidad radical de la materia, la combustión, como la eradicación completa de una materia cuando se reemplaza con otra [Osborne 89]. En este sentido el fuego representa el tiempo y la historia, ya que los otros elementos representan las tres fases y las tres dimensiones del espacio. Corresponde al deseo deleuziano que "constantemente acopla los flujos continuos y los objetos parciales que son fragmentados y fragmentarios por naturaleza. El deseo le causa fluir y parar a la corriente" [Deleuze cit. Buchanan 21]. De acuerdo con la naturaleza apasionada del fuego, la mayoría de los poemas de esta sección son declaraciones directas y sencillas. El uso frecuente y agudo del paralelismo les da un sentido de urgencia. Reafirma la diferencia, la suerte, el disfraz, la multiplicidad, el desarrollo de la creación [Deleuze 2001: 300].

"Destino" es la declaración de la importancia del amor, el que equivale con "la pasión que estalla en el campo de combate". Es una paradoja, pero ambos son una confrontación entre oposiciones, entre cuerpos. "La paradoja [es] la pasión del pensamiento. Un pensador sin paradoja es como un amante sin pasión, una bella mediocridad" [Søren Kierkegaard cit. Klein 32].

> Nací para una historia de amor.
> Para esa promesa
> que continúe debiéndole
> a mis átomos,
> Para la entrega
> que desconoce el miedo,
> que no la rige nada.
> Nadie.
> Que su gobierno brota del asombro,
> de la pasión que estalla
> en el campo de combate
> minado
> por la infinita salvia de la ternura.

Peleamos el uno con el otro para sacar lo que nos hace falta –mejor lograrlo por el amor. Las dos posiciones son *lacunarias*, en que vemos al otro simultáneamente como un reflejo y como algo que nos falta –una zona prohibida en nuestra experiencia [Merleau-Ponty 42]. El cuerpo es el medio de entender al otro –para llegar al máximo significado (*Zwercksinn*) del comportamiento del otro, ya que mi cuerpo es capaz de realizar lo mismo. En este momento interviene el *Estilo* [Merleau-Ponty 42] –i.e. la manera de cómo llegamos al otro. Es una transferencia intencional, algo más que percibir su estilo. Tiene que ser un *Paarung* (un acoplamiento) : un cuerpo que encuentra su pareja en otro cuerpo para compartir, entender y realizar intenciones entre sus inconsciencias. No es una operación lógica, sino vital –*Kein Schluß, Kein Denkakt* (sin clausura, no hay ninguna acción de pensar) [Merleau-Ponty 43].

"Fuego" demuestra la cumbre de la pasión del *Paarung* que llega al punto del incendio. El resultado es una esquizofrenia crítica:

--una ruptura en la cadena de la significación, o sea, la serie interdependiente de significantes que constituye una acción de hablar o un sentido. . . . Suelta el presente temporal de toda actividad e intención que lo pueda enfocar y hacerlo un espacio de praxis. [En consecuencia,] el presente inunda el sujeto con una sensación vivaz e inefable, una materialidad de la percepción que zozobra [Fredric Jameson cit. Buchanan 159].

Desde que te cabalgo
desde que me cabalgas
y el reclamo de mi piel
y el reclamo de mi boca
El incendio diseminado
y tu nombre
y tu voz resonando
y el sol
y el bosque
y el mar
y el universo dentro de mí
haciéndoseme lágrimas
risa
dibujándome los ojos
prendiéndome fuego . . .
sé
que los demonios no me son ajenos

que el estado de posesión en el que habito
lo engendró un infierno
orfundamente
humano.

Vemos una enumeración caótica, un cabalgar por la línea entre el orden y el *ápeiron*. Políticamente, la esquizofrenia es paralizante: divorcia la ideología de la acción, reduce el sujeto a lo meramente táctico. Esta zozobra producida por la esquizofrenia es enajenante, pero también nos choca y nos obliga ver el espacio disponible a la codificación ideológica. Semejante al *ostrannie* de los formalistas rusos o al *Verfremdung* de Brecht, crea una distancia crítica [Buchanan 169-60]. Es táctica, pero las guerras se ganan por pelear una batalla a la vez. Paraliza, pero es un acto de *reconnaissance*.

Nos quedamos con "el resto indivisible" lo que *resalta* de la *totalidad* orgánica; el exceso que no se puede reintegrar a la *totalidad* socio-histórica. En vez de dar una imagen total harmoniosa de una época, la poesía le da la voz que la narrativa *no pudo* incluir en su narración [Zizek 2001: 96]. Tradicionalmente, este exceso se considera como la definición de la belleza: *hen diapheron heauto* [Heráclito], lo que Hölderlin traduce como *das Eine in sich selber unterschiedene i.e.* "el uno diferenciado en sí". Es el espacio artístico donde los poetas perciben *ek-státicamente* el exceso traumático de la vida. En su *Andenken*, Hölderlin proclama *was bleibet aber, stiften die Dichter*, "pero los poetas establecen lo que queda" [Zizek 2001: 96]. No es la harmonía de la *totalidad* que emerge de la tensión y la lucha de sus elementos, sino el exceso que prohibe el *uno* de formar una *totalidad* harmoniosa [Zizek 2001: 96-7].

A través del poemario, Regalado crea un mundo polivocal basado en la igualdad y la justicia. Sus armas para construir este mundo son la historia, la memoria y el amor. Reconoce el amor y la historia como procesos dialécticos que se adelantan a través de la diferencia. Por ende, su poética libra el mundo contra las barreras que embargan el re-mord del pasado autóctono, los sueños utópicos y la naturaleza apasionada de la humanidad. Acude a todos los elementos para plantar una fundación dialogante y bastante fuerte para soportar las frecuentes visitas del caos –el *pharmakon del ápeiro*n capaz de renovar o matar.

Obras consultadas

Brennan, Teresa. "Why the Time is Out of Joint: Marx's Political Economy without the Subject." *South Atlantic Quarterly* 97:2 (Spring 1998): 263-80.

Buchanan, Ian. *Deleuzism: A Metacommentary.* Durham: Duke, 2000.

Cavalier, Robert & Eric Lurio. *Platón para principiantes.* Buenos Aires: Era naciente, 2000.

Certeau, Michel de. *Heterologies: Discourse on the Other.* Minneapolis: U Minnesota P, 1989.

Collins, Jeff & Bill Maybin. *Introducing Derrida.* Duxford UK: Icon, 2000.

Davies, Paul & John Gribbin. *The Matter Myth.* New York: Touchstone, 1992.

Deleuze, Gilles. *Difference and Repetition.* London: Continuum, 2001.
— & Félix Guattari. *What is Philosophy?* New York: Columbia UP, 1994.

Docherty, Thomas ed. *Postmodernism.* NY: Columbia, 1993.

Eco, Umberto. *Kant and the Platypus.* New York: Harcourt, 2000.

Fernando, Diana. *Alchemy.* London: Blandford, 1998.

Guillén, Michael. Five *Equations that Changed the World.* New York: Hyperion, 1995.

Hernández, Miguel. <<Poema 15 (*Me llamo barro . . .*)>>. *Poesía.* La Habana: Arte y Literatura, 1994: 194-95.

Horgan, John. *The End of Science.* Reading MA: Helix, 1996.

Jameson, Fredric. *Marxism and Form.* Princeton: U Princeton P. 1971.

Jiménez, Juan Ramón. <<La poesía>>. Francisco Montes de Oca, ed. *Ocho siglos de poesía en lengua castellana.* México: Porrúa, 2001: 592-93.

Kirk, G. S. & J. E. Raven. *The Presocratic Philosophers.* Cambridge: Cambridge UP, 1971.

Klein, Etienne. *Conversation with the Sphinx.* London: Souvenir, 1996.

Lee, Desmond. "Introduction" & "Appendix on Atlantis." Plato 7-25, 144-65.

Mattelart, Armand. *Historia de la utopía planetaria*. Barcelona: Paidós, 2000.

Merleau-Ponty, Maurice. *Consciousness and the Acquisition of Language*. Chicago: Northwestern UP, 1973.

Osborne, Catherine. *Presocratic Philosophy*. Oxford: Oxford UP, 2004.

Penrose, Roger. *The Emperor's New Mind*. Oxford: Oxford UP, 1989.

Plato. *Timaeus & Critias*. Ed. Desmond Lee. Harmondsworth UK: Penguin, 1971.

Robinson, Dave & Judy Groves. *Introducing Political Philosophy*. Duxford UK: Icon, 2003.

Rosental, Mark Moisevich & Pavel Fedorovich Iudin. *Diccionario de filosofía*. S.d. (¿Edición pirata de San Salvador: Tecolut, 1971?).

Sardar, Ziauddin & Boris van Loon. *Introducing Cultural Studies*. Duxfor UK: Icon, 1999.

Spencer, Lloyd & Andrej Krauze. *Introducing Hegel*. Duxford UK: Icon, 1999.

Stokes, Philip. *Philosophy: 100 Essential Thinkers*. New York: Enchanted Lion, 2003.

Regalado, Silvia Elena. *Desnuda de mí*. San Salvador: PU Tecnólogica de El Salvador, 2001.

Ríus (Eduardo del Río). *Filosofía para principiantes*. México: Grijalbo, 1997.

Thompson, Mel. *Philosphy of Mind*. London: Hodder, 2001.

Virilio, Paul. *The Virilio Reader*. Ed. James Der Derian. Oxford: Blackwell, 1998.

Warner, Rex. *The Greek Philosophers*. New York: Mentor, 1958.

Woodfin, Rupert & Judy Groves. *Introducing Aristotle*. Duxford UK: Icon, 2001.

Zizek, Slavoj. *The Ticklish Subject*. London: Verso, 1999.
— *On Belief*. London: Routledge, 2001.

Amor y praxis en *Plaza de los comunes* de Milagros Terán

Al final del sangriento siglo XX, cuando toda ideología se encontraba hostigada por el anarco-conservadorismo del postmodernismo y la praxis progresista sucumbió a los que se vendieron y se rindieron; la única defensa contra el Nuevo Orden Mundial de la económica nomadológica era el amor. Aunque unos dirían que el amor funciona como un *petit récit* contra la praxis opresiva, eso sería caer en la nostalgia posmodernista, la que sólo permite una defensa individualista contra la opresión y, de esta manera, niega toda posibilidad de derrocarla [Lyotard 17]. Al contrario, el amor es la gran narrativa por excelencia. Según Corintios I: 13: "Sin el amor, no hay nada" [cit. Zizek 2000: 146]. Ataca el polo paranoico del eje deleuziano de la demencia, derrocando su odio y soltando el amor desenfrenado del polo esquizofrénico. Favorece el cronotopo lineal a través de la pro/re-creación. Como tal se opone al cronotopo egoísta enfocado en un presente eterno y estancado.

Unos, sin embargo, dirán que el amor es tan común. Eso es precisamente el punto que tiene Milagros Terán en *Plaza de los comunes*, y encapsulado en el poema inicial y titular: "Común es el amor." El título, curiosamente, es una misprisma (o mal entendimiento crítico-artístico) del italiano, donde "piazza del comune" quiere decir "plaza de la polis o del Estado" [González s.p.]. De esta manera, el libro representa una *clinamen* (o desviación del orden establecido) hacia la voz del pueblo, en contra del dictamen opresor. Es una desviación revolucionaria autoconsciente que derroca la oposición premoderna entre el orden universal y la arrogancia de una fuerza egoísta cuyo exceso forma la fundación del orden universal [Zizek 1999: 291].

De acuerdo a su veta popular su lenguaje es, por lo general, sencillo y directo, aunque hay poemas como "Fin de siglo" que demuestran un hermetismo bastante vanguardista. Sus preocupaciones son principalmente populares y cotidianas, aunque en unas pocas ocasiones son más bien nostálgicas, que progresistas: e. g. "Vivo en un país de papel verde", "Navidad de arena" y "Vacío de domingo." Conviene recordar que la plaza pública en su *paysagéité* (o función geográfica) representa tanto un sitio de reuniones entre el vulgo como la cara del poder. Es, digamos, parergonal. En cuanto a su *visagéité* o facialidad, es el icono propio del régimen significante, la reterritorialización interna al sistema [Deleuze & Guattari 1987: 115]. Tradicionalmente contiene la barraca y la catedral, las sedes simbólicas de praxis e ideología, y está rodeada de las tiendas y oficinas de la clase pudiente. Es un lugar panóptico donde llega el pueblo para atestiguar los instrumentos del poder y, a la vez, para estar vigilado. De todos modos, representa un poder legítimo y gobernado por reglas.

Las cinco divisiones del libro corresponden a la evolución del amor en cuanto a su fortaleza y sofisticación; empezando con el amor erótico ensimismado al principio en "Escaramuzas," seguido por el amor del otro en "Calles y diversos," el amor materno y familiar de "Columpios"; el amor universal de "Bahía," hasta el amor como praxis en "Cosecha."

El poema titular, "Común es el amor," ofrece una plaza llena de emociones y sentimientos dialogantes y dialécticos. El amor es un juego de *cogitos* en el que bailan un par de razones, siempre atrayéndose, siempre empujándose [Deleuze & Guattari 1987: 131]: "Común es el amor en sus inicios / Común cuando se desvanece". Cada amor, según Ghérasim Luca, tiene en sí su propia traición, su propia locura: "Para ser el gran amante, el magnetizador y catalizador… hay que experimentar la profunda sabiduría de hacerse un tonto por completo" [cit. Deleuze & Guattari 1987: 134]. Es decir, hay que desechar la protección de las defensas del racionalismo egoísta. Como explica Terán:

Frecuente la sonrisa,
la nostalgia de ayer, el futuro terror
y su placer, el motor de la vida,
la poesía.
        [Común es el amor]

La poesía, como el amor, no es creada sino creadora [de Certeau 97]. Es un *non-savoir* no autorizado que rompe las fronteras del ego [de Certeau 30]. "Fin de siglo," una re-creación del mito de Eros y

Psique, es el poema más hermético del libro. Capta la dialéctica de la pasión en sus primeras etapas cuando no es nada más que una simple búsqueda de la *jouissance* (o diversión) autoerótica nomadológica:

> Díganle sí que cuando el día muera
> venga en la noche a visitar mi cama
> y que cabalgue sobre mí.
>   [Fin de siglo]

Pero esto es, sin embargo, también la *jouissance* desenfrenada del capitalismo desterritorizado que chinga al pueblo [Deleuze & Guattari 1983: 293; Readings 77]; es el mismo deseo del *petit objet a* [Zizek 2001: 22]; un simulacro, una mera sustitución de lo genuino [Zizek 2000: 20]. A pesar de su intensidad, no hay verdadero amor ni *jouissance* completa, sin inversión social [Deleuze & Guattari 1983: 293]. Es más bien un deseo arraigado en la carencia de la *jouissance* [Deleuze & Guattari 1983: 154].

Contrario a Psique, la mujer rechaza la cara del amante:

> Que no quede prendida en mi memoria
>   la visión de su figura,
>   que puedan mis ojos esquivar su mirada.
>   [Fin de siglo]

Aunque unos verían la negación de facialidad como un rechazo del patriarcado, eso sería una lectura basada en un feminismo vulgar y derechista, cimentada en un enfrentamiento posmodernista de voluntades egoístas [Lyotard 17]. Lo que se encuentra es un deseo que carece de objeto y límites [Deleuze & Guattari 1983: 293]. De esta manera, el egoísmo de la pasión ciega correspondiente al fanatismo [Zizek 2000: 13]. Más que todo, la enajenación del poema es una afirmación autoconsciente de la intotalidad ontológica de la realidad en que vemos "la noche del mundo": una suspensión momentánea del orden positivo de la realidad, cuando se enfrenta la laguna ontológica que prohíbe una realidad completamente cerrada en sí misma [Zizek 1999: 308]. Sólo la experiencia de la huida sicótica, la autocontracción absoluta, explica esta libertad trascendente espontánea [Zizek 1999: 309]. El amor verdadero sólo puede realizarse dentro de una relación animada por una meta nosexual [Zizek 1999: 142]; cuando el *eromenos* (amado) se convierte en *erastes* (amante) por devolver un amor arraigado en respeto mutuo [Zizek 1999: 163]. Y, de hecho, vemos el desarrollo de este amor a través de "Escaramuzas."

Hay que señalar que entre más cándida la admisión, más falsa es o parece ser [Zizek 2000: 46]. La realidad catastrófica y confesional tiene un efecto irreal, ya que lo irreal se ha hecho un sustituto de lo real. Es más difícil desenmascarar lo ficticio en la realidad verdadera que en la realidad simulada [Zizek 2002: 19]. Así que este poema onírico nos recuerda que siempre hay una laguna entre el objeto de deseo y su causa, el aspecto mediatizador que nos hace desear el objeto. Por tanto, siempre hay, por lo menos, un rasgo de melancolía en cada amor verdadero [Zizek 2000: 20].

La sección "Calles y desvelos" comienza y termina dentro de famosas plazas de grandes ciudades imperiales. Demuestra la empatía humana tanto como su necesidad en un mundo de inocencia perdida: de relaciones quebradas y ciudades bombardeadas. Su *ágape* es un amor que exhorta desconectarnos de nuestras comunidades naturales [Zizek 2000: 121]. Es un derrocamiento subversivo de jerarquía, un universalismo igualitario de la comunidad de parias [Zizek 2000: 123]. "Inocencia perdida," ubicada en el Dupont Circle de Washington, demuestra el triunfo de dos mujeres cuya amistad vence la tristeza de un matrimonio fracasado en un país extranjero. A pesar de haber descifrado la falsa ebullición de la capital del materialismo, esas mujeres "pasean del brazo":

ahora princesas que se asoman
    desafiantes al siglo veintiuno
        sin miedo a la soledad ni al vino.
            [Inocencia perdida]

La sección "Columpios" reafirma el papel de la mujer como el centro de la familia. Como el título de la sección indica, no es una simple mariolatría de la mujer como ser ideal, sino un vaivén dialéctico de triunfos y fracasos. La cúspide de esta sección es "Maternidad," una alabanza de los poderes creadores y divinos de la mujer:

> Mi ombligo es el centro del universo
>   las cosas giran alrededor mío
>   y camino envuelta en una burbuja de energía.
>   Los dioses me protegen
>   –aun los que no conozco o he sentido–
>   van a mi lado, danzan alrededor.
> Soy el centro
>   la cruz, la seña
>   que asoma de noche en la oscuridad
>   de los perdidos.
>   [Maternidad]

Cada cara, sin embargo, tiene su cruz, y Paul Virilio señala que:

> El hombre es el pasajero de la mujer, no solamente en el momento de nacimiento sino también en las relaciones sexuales. La mujer es el medio que ha encontrado el hombre para reproducirse, llegar a la tierra. La mujer es el primer medio de transporte de la especie, su primer vehículo. El segundo es el montar y acoplar de cuerpos disimilares listos para la migración, el viaje en común [Virilio 159].

Así que la feliz genealogía de Terán está atacada por "Malas noticias" y:

> Esa imagen de Yasmín en mi mente:
>   cubierta de cables y de tubos
>   a la semana de nacida.
>   [Malas noticias]

En "Dispersa," Terán demuestra la certidumbre de la observación de Virilio:

> Soy núcleo, eje, chofer.
>   estudiante y maestra,

esposamante, poeta.
   Tantos sombreros para una sola
   cabeza, que es así dispersa
   no me encuentro,
   y quiero.
              [Dispersa]

Después de los sinsabores de "Una mañana todo es diferente," Terán redescubre la esperanza del arco iris en "Columpio" con:

Los colores primarios
     junto al blanco
     y negro
     de estos días.
              [Columpio]

Los poemas de "Bahía" demuestran una preocupación universal sobre una sociedad imperial que exalta la enajenación del prójimo. Una bahía es una gran laguna que puede ser de añoranza como en "Vivo en un país de papel verde," donde Terán anuncia:

Vivo en un país de mujeres solas
     y de hombres solos
     que quieren encontrarse
     pero cuando se ven sus ojos huyen.
              [Vivo en un país de papel verde]

Junto con "Navidad de arena" es un poema que rechaza el exceso de *objets petits* a, o semblanzas que prometan sin cumplir la *jouissance*, a favor de valores precapitalistas [Zizek 2001: 22]:

Vivo lejos del sol
     y de las salamandras
     sin océanos, sin palmeras, sin Dios.
              [Vivo en un país de papel verde]

–que lo ven como un episodio malvado de *hubris* [Zizek 1993: 97]:

> Esta riqueza
>   envenena el alma.
>   La alegría se apena en las tiendas
>   Sube y baja perdida
>   las escaleras eléctricas
>   vestidas de lamé,
>   con Santa Claus sentando niños y grandes
>   en sus piernas
>   para negociar regalos y promesas.
>   [Navidad de arena]

"Vacío de domingo" denuncia la oquedad espiritual de la sede del Nuevo Orden Mundial en términos darianos premodernos; a la vez, que añora la ausencia de empleados domésticos. *Gemeinschaft ist Gesellschaft*: la sociedad humana se ha degenerado en sociedad anónima [Zizek 1993: 211].

> Este país ausencia de pisos enlosados
>   sin fumarolas ni pescadores descalzos
>   saluda este domingo
>   este vacío ronco de campana.
>   [Vacío de domingo]

Pero una bahía también es un fenómeno geográfico de extraordinaria belleza como la Bahía de Chesapeake, donde:

> La luna es sólo una amenaza
>   de deseo,
>   tentación oceánica
>   en esta bahía
>   donde mi corazón se abriga.
>   [Bahía]

"Cosecha," la última sección, ofrece un replanteamiento del problema de la enajenación; esta vez con un tono optimista:

> Llora el universo.
>   Innumerables las palabras.

El horizonte es uno,
aguardo.
[El horizonte es uno]

"Vamos levantando caminos" ofrece una praxis basada en el amor universal hacia:

Los dolientes habitantes de cuerpos
esperando abriles que no llegan
tratando de atrapar los sueños
al otro lado de la puerta.
Vamos levantando caminos
soltando palomas
removiendo voluntades que quedaron
tiradas, esporádicas
una encima de otra.

Plaza de los comunes se destaca sobre todo por su humanismo. Es un testimonio no solamente de triunfos y sinsabores personales sino de las posibilidades del amor como arma contra la soledad, la enajenación nomadológica y el egoísmo. Es una genealogía franca y valiente del desarrollo del amor y preocupación en la que Terán demuestra tanto sus errores, debilidades y contradicciones como sus éxitos y fortalezas. Es un libro honesto y universal que nos enseña que el camino hacia un mundo justo para todos; aunque no es ni fácil ni plano, es alcanzable con la solidaridad.

Obras consultadas

---

* Bakhtin, Mikhail Mikhailovich. *The Dialogic Imagination*. Ed. Michael Holquist, trans. Michael Holquist & Caryl Emerson. Austin: U Texas P, 1981.

* Belli, Gioconda. "El ojo en la pluma: Milagros Terán y Mercedes Gordillo, dos mujeres poesía en ristre." *El Nuevo Diario* (Managua), 27 abril 2002 (en línea), s.p.

* Boundas, Constantin V. ed. *The Deleuze Reader*. New York: Columbia UP, 1993.

* Bourdieu, Pierre. *Masculine Domination*. Stanford: Stanford UP, 2001.

* De Certeau, Michel. *Heterologies*. Trans. Brian Massumi. Minneapolis: U Minnesota P, 1986.

* Deleuze, Gilles. *Dialogues*. New York: Columbia UP, 1986.
------ & Félix Guattari. *Anti-Oedipus*. Trans. Brian Massumi. Minneapolis: U Minnesota P, 1983.
------ *Nomadology: The War Machine*. New York: Semiotext(e), 1986.
------ *A Thousand Plateaus*. Trans. Brian Massumi. U Minnesota P, 1987.

* González, Marta Leonor. "Entrevista: Milagros Terán, amores comunes." *La Prensa* (Managua) 18 agosto 2001 (en línea) s.p.

* Lyotard, Jean-François. *The Postmodern Condition*. Minneapolis: U Minnesota P, 1984.

* Navarrete, Félix Javier. "Plaza de los Comunes." *Revista Decenio* (en línea) s.f., s.p.

* Readings, Bill. *Introducing Lyotard*. London: Routledge, 1991.

* Rowe, William & Vivian. Schelling, *Memory & Modernity*. London: Verso, 1991.

* Terán, Milagros. *Plaza de los comunes*. Managua: Centro Nicaragüense de Escritores, 2001.

* Virilio, Paul. *Speed and Politics*. Trans. Mark Polizzotti. New York: Semiotext(e), 1986.

* Zizek, Slavoj. *Tarrying with the Negative*. Durham: Duke UP, 1993.
------ *The Indivisible Remainder*. London: Verso, 1996.
------ *The Zizek Reader*. Ed. Elizabeth Wright & Edmond Wright. London: Blackwell, 1999.
------ *The Fragile Absolute*. London: Verso, 2000.
------ *On Belief*. London: Rouledge, 2001.
------ *Welcome to the Desert of the Real*. London: Verso, 2002.

Epílogo:

Hacia una poética centroamericana para el Siglo XXI

Las guerras centroamericanas terminaron en los años 90, pero las condiciones que las provocaron todavía existen. Centroamérica todavía es una región marcada por desigualdad económica, corrupción endémica, contaminación ambiental, polarización política, violencia criminal y falta de acceso a servicios básicos como salud, educación y agua potable para la mayoría de la población. Sigue siendo un baluarte de machismo y racismo a través del espectro político. La ultraviolencia engendrada por los escuadrones de la muerte deja como su legajo una de las tasas más altas de homicidio en el mundo, una alta incidencia de violencia familiar y una especie de psicosis regional. Como resultado, un gran porcentaje de centroamericanos han migrado, con o sin papeles, para mejorar sus posibilidades económicas y ayudar a sus familias con remesas. La ausencia de uno o los dos padres, por ende, ha sido un factor importante en el desarrollo de las maras –pandillas criminales que funcionan de familia para una juventud desafectada. La cantidad de dinero que llega del extranjero casi siempre termina en los bolsillos de la élite. La nueva religión consumista ha transformado la economía de un régimen semifeudal en una aspiradora posmodernista de remesas.

El paisaje urbano de maras, mega-malls, tugurios de hojalata, hoteles de cinco estrellas, smog, zonas turísticas, vendedores de piratería, consumismo y criminalidad se asemeja más bien una distopía de ciencia ficción y está bien documentado en los cuentos de Claudia Hernández y Abigaíl Guerrero, entre otras. En cuanto a la poesía, las preocupaciones son más moleculares que molares con un enfoque al nivel de *petit récit*.

Frente al proceso atomizador del capitalismo posmoderno, muchas poetas se han ensimismado en una poesía de neurosis y angustia personal. Muchas –sobre todo las que pertenecen a movimientos literarios y las que recibieron formación en institutos culturales– han revertido a un esteticismo arraigado en un escape o una negación de las realidades locales. Aunque la poesía revolucionaria de los años 60 y 70 todavía goza gran popularidad, hay un consenso general que cualquier oposición intelectual a la globalización tiene que ser a un nivel apropiado para combatir la infiltración del microcapitalismo que se nutre del deseo; el que quiere ejercer un control deleuziano a través de la mente y el corazón más que una disciplina foucauldiana del cuerpo. Aun así, existen nostalgias que provienen de la izquierda tanto como desde la derecha. La nostalgia, en sí, es una trampa que congela el tiempo y reniega el cambio.

La respuesta poética a las realidades actuales toma, por lo general, dos formas –la recolección de la cultura autóctona o un enfrentamiento directo contra la globalización que busca el cambio a través del momento utópico. Las que se dedican a la recolección quieren crear una contra-memoria, una historia alternativa, a veces ligada al testimonio. Ven la necesidad de recrear las bases de una cultura auténticamente autóctona antes de construir un futuro. Al re-crear una comunidad imaginada la poesía cae, sin embargo, en el peligro de convertirse en un ensayo arqueológico o genealógico que puede ser apropiado para fines nacionalistas o estancarse en un mero escape esteticista. Muchas obras de recolección excavan un pasado idealizado para presentarnos con un mosaico de sólo las *tesserae* más brillantes y bellas, ignorando los problemas sociales que existían hace siglos. Pero, en sí, la recolección es capaz de generar un *clinamen* hacia un nuevo camino.

La visión hacia el futuro comienza con la repetición, sobre todo de las visiones utópicas. Para florecer, require una gran diversidad de perspectivas para presentar un arcoíris de posibilidades, tanto como la habilidad de verlas como un conjunto a través del paralaje, de examinar la diferencia contenida entre las repeticiones y dentro de las lagunas paralácticas. Requiere una pluridimensionalidad no sólo en cuanto al contenido, sino a forma, marco perceptual, estructura, imágenes, sonido, léxico, polisemia, morfosintaxis y estilo. Es imprescindible que no tenga miedo de apropiar las armas del capitalismo posmodernista para avanzar la poética regional. Hemos examinado la poesía hipertextual en este libro, no nos debe sorprender una poesía hologramática.

Entre las poetas de este libro, vemos recolección y repetición, vemos esfuerzos de expander la lengua, tanto como el concepto de lo que es la poesía, para decir lo indecible, para imaginar lo inimaginable. Vemos imágenes de Centroamérica desde afuera como desde adentro. Vemos una resurrección de elementos olvidados de la cultura para construir nuevos senderos hacia el futuro. Vemos la reapropiación del léxico para definir el mundo desde nuevas perspectivas. Vemos diálogos con el pasado y el futuro para clarificar trayectorias. Vemos la examinación del presente para poner en claro los desafíos de la generación actual. Vemos momentos utópicos que serán mapas hacia el futuro. Vemos la primera generación de poetas que habla por Centroamérica –de pie, en voz alta, sin pelos en la lengua.

Impreso en Estados Unidos
para Casasola Editores
MMXIII ©

casasolaeditores.com